心理學叢書

人際溝通
——團體互動與職場工作取向

Interpersonal Communication:
Group Interaction, Workplace Orientation

曾美玲◎著

國家圖書館出版品預行編目資料

人際溝通：團體互動與職場工作取向 / 曾
美玲著. -- 初版. -- 新北市：揚智文化，
2016.10
面； 公分

ISBN 978-986-298-241-9（平裝）

1.人際關係

541.76   105017695

人際溝通——團體互動與職場工作取向

作　　者／曾美玲
出 版 者／揚智文化事業有限公司
發 行 人／葉忠賢
總 編 輯／閻富萍
執行編輯／鄭美珠
地　　址／22204 新北市深坑區北深路三段 260 號 8 樓
電　　話／(02)8662-6826
傳　　真／(02)2664-7633
網　　址／http://www.ycrc.com.tw
 E-mail ／ service@ycrc.com.tw
 I S B N ／978-986-298-241-9
初版二刷／2019 年 9 月
定　　價／新台幣 320 元

序

　　進入全球化時代，人與人的溝通頻繁，人際溝通的頻率與管道儘管增加，但人與人之間互相信任與彼此理解，誠屬不易。溝通係有意義的互動歷程，需要學習與實踐，不僅要理解溝通之知識，更需內化為具有社會文化性質的溝通行為。

　　本書《人際溝通──團體互動與職場工作取向》，從理論研究與實務技巧為主，試圖以多元視野解析人際關係問題的處理原則，主要分為團體互動與職場工作取向兩大部分。使學習者瞭解團體互動與職場工作的概念與實務，熟習人際關係、溝通與衝突的原理原則，並運用在日常生活與職場工作中，提升學習者團體互動與職場工作溝通的實務運用能力。書中廣泛蒐集相關人際溝通的內容與要點，安排學習者的學習活動與意見交流，延伸學習與人際語粹，文中提供人際溝通之實際生活例子與人際溝通處理模式，作為學習者思考與討論之參考，使學習者深入瞭解人際溝通的專知，作為處理實務生活與職場工作的人際溝通互動之學習，希望能提供讀者全新的思考方向。

　　溝通的藝術，在於充分理解對方心意，並誠懇精準的把想法清楚地傳達給對方。人與人之間，當有不愉快發生時，大部分人都習慣把問題歸咎他人，造成彼此對立與緊張的氣氛，不但容易傷害他人，也會增加自己的煩惱。一般人處理人際互動問題，往往習於讓別人接受自己的觀點，卻不易體察別人真正的想法與需求。只從自己的角度出發，希望別人接受自己，卻不能站在別人的立場為對方設想的「本位主義」，需要學習「傾聽」，注意語言與非語言的訊息，具有「同理心」，才是維繫和諧人際關係的要素。

　　書中各單元透過平易近人的語言與生活化的實例，探討自我知覺與

對他人的知覺，學習如何相互對待，從思想與情感的溝通、人際影響、人際衝突的處理、組織中的溝通、團體中的溝通、領導成員角色的溝通、求職面談等面向，相互理解，以信任、包容的態度與他人溝通。學習將人際關係回歸到人性內心與社會文化脈絡的本質，提供人際溝通之學理原則與最切實可行的實踐方法，個人與團體交互影響，運用人際溝通技巧與智慧在日常生活與工作職場中，圓滿處理人際間之溝通。在資訊發達之今日，亦提供人際溝通相關網站，方便學習者搜尋探討，作為現代社會合宜網路溝通之學習。

本書得以順利完稿付梓，首先感謝揚智文化公司的促成與協助，感謝葉苡欣、葉日銘插圖之製作與提供，感謝家人生活起居之照顧。同時，更感謝我在大學授課修課學生資料蒐集與討論之意見交流。由於本書倉促付印，疏漏之處恐難避免，尚祈諸位先進不吝賜教。

曾美玲 謹識

目　錄

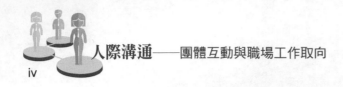

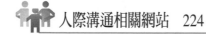

團體的定義、分類、特質與目標

- 一、團體的定義
- 二、團體的分類
- 三、團體的特質
- 四、團體的目標

團體是社會最基本單位，由兩個或兩個以上的人，彼此相互依賴、相互影響，為了達成共同特定的目標而結合，團體是動態的，不斷產生變化及發展。而人是群居的動物，在成長過程中，將會接觸不同團體，團體對個人而言，具有助人之功能，扮演積極性之角色。

一、團體的定義

自三〇年代以來，Kurt Lewin一系列的團體行為研究後，不同學者對團體提出各種不同之詮釋，K. Lewin認為「團體是一個動態的整體（a dynamic whole），其先決條件是團體成員間彼此應是相互依存的（interdependent）」（李郁文，1998）。

S. Koenig認為「成為一個團體的一群人，在組織上至少要達到具有共同遵守規則的程序」；R. Merton認為「團體是一群自認同屬相同團體的人所組成，彼此可以期待成員應有的行為」；M. Sherif則認為團體是「由一群人所組成的社會單位（social unit），他們彼此之間具有明確的地位與角色關係（definite status and role relationship），亦擁有一套屬於他們自己且能規範團體成員行為的價值（values）或準則（norms）」（宋鎮照，2000）。

上述學者對團體定義，主要之共同觀點認為團體是「享有共同規範的一群人，共享共同價值觀而聚集在一起」，除了定義團體外，也透過團體的特徵，進一步澄清與說明團體的概念與意義。

團體（group）的定義在於人群之間的互動、溝通、認識與瞭解。在彼此需要幫助的時候，可以互相協助，達到人際間合作的目的，進而完成工作目標。

(一)團體的主要特徵

一般而言，團體的定義，幾個常見的向度與主要特徵有下列幾點：

1. 共同目標（goal）：指的是團員之間有共同的想法或概念，有目的而組成。
2. 社會結構（social structure）：團體成員各自有各自的特定地位與扮演角色，因而形成穩定的團體關係與互動結構。而有地位與角色、層級（hierarchy）的出現。
3. 穩定且持續的互動（routinization）：指團體成員間經常互動與接觸，而互動頻率的多寡，影響團體成員間的相互關係。
4. 共享的規範（norms）：團體成員間具有共同規範與價值觀，如此才能預期其他成員的互動意義與價值體系，而有別於不同團體的屬性，藉以約束團體內部的互動。
5. 團體意識或歸屬感（sense of belongingness）：藉以劃分團體範疇與界線，即內團體與外團體、我們與他們之分野。

團體在發展的過程中，會逐漸形成內部獨特的結構，每個成員在團體中都會扮演不同的角色、位居不同的地位，而團體亦逐漸產生規範來界定適當的行為標準（陳皎眉、王叢桂、孫蒨如編著，2002）。上述所論及團體中的規範、價值觀、角色、地位等要素，統稱為「團體結構」（group structure），團體結構根據佛西斯（D. R. Forsyth）的觀點，是指團體中各成員間、次團體間，以及成員與領導者間所形成的人際關係型態；由此型態，不僅可瞭解成員們的行為，更可解釋並預測團體的績效與大多數團體的行為。

無論是基於何種目標，角色、地位、交互作用或吸引力關係面向形成的團體、成員，藉由團體結構與心理的研究，可以讓我們更加瞭解團

美國NBA職業籃球隊表現團體合作與觀眾之互動
圖片來源：葉日銘提供。

體中穩定成員關係之構成基礎。團體是成員的集合，彼此相互依賴，產
生關係，以影響和被影響交互作用的過程，影響個人態度和行為的心理
過程，最後完成成員之角色與任務。

　　宋鎮照（2000）認為，團體結構是團體成員互動的產物，是成員間
一種長期、穩定、和諧的互動關係，這種穩定的關係模式，就是所謂的
「團體結構」。團體結構可以說是成員之間互動的固定模式，它具有社
會控制的功能，可用來維持團體的秩序與互動。

　　潘正德（1985）則指出，團體結構的特徵有團體組合、團體規範、
角色、地位、凝聚力、領導者、團體大小、性別以及年齡等九項。團體
中，成員各自扮演不同的角色。領導者的領導方式、風格，均會影響團
體的運作及績效。團體中常見的角色有三種：預期角色、知覺角色、實
際角色。最常見的團體規範有四種：(1)與績效有關的規範；(2)涵蓋外
表因素，如穿著、打扮等的規範；(3)非社交安排，如朋友交際、應酬等

的規範；(4)與資源分配有關的規範。通常地位高，職權大，易受尊重；反之，地位低，職權小，易受人支配。團體的大小對團體行為的影響是肯定的，凝聚力強，則成員樂於留在團體，易遵守規範、互動機會多、合作、友善、合群、忠心、工作較努力；凝聚力弱，則成員急於離開團體，較不遵守規範、互動較少、對立、關係疏離、工作較不努力。

(二)團體的組成

是指同質（homogeneity）或異質（heterogeneity）而言。同質與異質的差異，在於成員本身條件是否一致或相類似。同質性團體指成員在問題類別、人格類型、性別、年齡、智慧、教育背景、社經地位等具有一致的或相類似的特質，而異質性團體則否（潘正德，2000）。

綜上所述，可知團體結構不僅是一個團體的架構，也是團體成員間的連結關係。藉由團體結構，規範團體中成員與成員之間、角色與角色之間、地位與地位之間的互動關係，當人際間的互動受到各種規範與約束時，社會秩序因而產生。綜合而論，團體之定義為團體具有一個既定的目標，為團體成員領航，知道要邁向何處，成員在團體中具有角色，彼此交流互動。如果缺乏目標、成員角色或相互交流互動與影響，這個團體就沒有存在的意義與價值。

二、團體的分類

團體工作的分類上，大致上分為正式團體、非正式團體、初級團體、次級團體、社會性及心理性團體，還有組織、無組織團體和內外團體等。每一種團體，無論是在利益上的合作，還是凝聚感情，只要是成

次級團體──興趣組成的團體

圖片來源：葉苡欣提供。

員之間的交流，都是必須存在的，其形成是基於回應社會接觸的需求。

團體工作的分類，依組成之不同分述如下：

1. 依組成的目的分為：處遇性團體、任務性團體。

2. 依團體形成之意志分為：組成團體、自然團體。

3. 依組織程序分為：正式團體、非正式團體。

4. 依成員進入與退出和增加與減少之自由程度分為：開放式團體、封閉式團體。

5. 依成員與團體的關係分為：內團體、外團體。

6. 依人數的多寡分為：大團體、小團體。

7. 依時間長短分為：暫時性團體、永久性團體。

8. 依成員關係分為：初級團體、次級團體。

9.依成員與團體的關係分為：參照團體、會員團體（許臨高，2016）。

團體因為有目標，使得成員更有積極參與心，通常團體具有持續性、變動性、互賴性等特質。因成立的目標不一，團體的類型也有所不同。以團體工作的目標（goal）來分，團體可分為下列幾種，例如：討論團體（discussion groups）、娛樂團體（amusement groups）、會心團體（encounter groups）、支持性團體（supportive groups）、自助團體（self-help groups）、教育團體（education groups）、社會化團體（socialization groups）及治療團體（therapeutic groups）（徐震、林萬億，1983）。

以訓練團體（training group，或稱T-group）而言，所謂訓練團體（T-groups），又稱敏感訓練團體（sensitivity training groups）和人類關係實驗室（Human Relations Laboratories），始創於1946年中，在第二次世界大戰戰後，起始於美國國家實驗室（National Training Laboratories, NTL），團體方式的理論概念於1948年，源自社會心理學家勒溫（Kurt Lewin）和李普特（Ronald Lippitt）及兩位教育家布萊福德（Leland Bradford）和班尼（Kenneth Benne）。是注重成員生活知能的充實與正向行為建立的團體。著重於教育性的團體經驗，是一種用密集性的方式，來做自我探索的學習，團體成員在團體經驗中學習如何與人相處之道（夏林清、麥麗蓉譯，1987）。其目的在增進自我的成長，訓練人際技巧的方法，是提供人類發展和學習的一種團體模式。

Lewin過世後，同事們成立基本社交訓練團體及設立國家訓練實驗室，繼續研究團體動力與團體過程，後來訓練團體從美國各地發散，而這也是小團體最早所使用的名稱。布萊福德的敏感度訓練理論，也稱為感受性培訓，所謂敏感性實驗，其實質就是透過導致增加人際意識的「內心深處的」相互作用而達到行為的改變。透過團體成員的互動，促進個人成長及增進對自己其他人的敏感度。

以會心團體而言，會心團體的意義是個人中心治療（Person-Centered Therapy）的創始人羅吉斯（Carl R. Rogers）所倡導，強調藉團體經驗的過程促進個人的成長、發展，並改進個人與個人間的溝通及其人際關係，強調發展內在的自我。Rogers認為會心團體的基本原則，是創造安全的團體氣氛，使成員能脫下日常生活中的假面具，坦誠表達自己的內在感受，瞭解他人與自己，改變個人態度、行為，並學習與他人建立良好關係。

以教育團體而言，教育團體並非源於單一理論，而是結合各種派別，並吸收各種諮商理論的優點。成員都是學習者的角色，在一種結構性不高的團體運作下，提供學員學習資訊和生活技能（李郁文，1998）。通常以結構和特定的主題為主，社會工作者提供資訊，引發團體成員反應或提出意見，學習新的知識和技能。如社交技巧訓練，可激發團體成員自我發展能力。學習如何學習，以增進自我瞭解、改善人際關係。

一般而言，較大、較知性的團體，教育的意義強於預防和診療的意義；較小、較感性的團體，預防和診療的意義則大於教育的意義。然而，此種區別亦只是程度上而言，我們很難完全說它是純教育的、純預防的或純診療的（吳武典等，2010）。

成長團體的發展過程，沒有固定的模式與步驟，每個團體的過程都不盡相同，團體的過程定義，是一種情緒和認知並重的教育方式，以小團體的型態呈現，使成員在自由、安全的氣氛下，彼此互相尊重與接納，成員間坦誠開放，交換解決問題的意見，或分享生活經驗，並透過團體互動的歷程，促進自我瞭解與成長，學習改善人際的技巧，進而達成自我實現。

成長團體成員間坦誠開放，交換解決問題的意見

三、團體的特質

團體的特質為有共同的目標，以及每位成員心理的結合，在任務上分化與瞭解，即使每位成員有個別滿足的需求，但最重要的還是人與人之間的認同感。

團體是成員共同的組成，並非屬於一個人，團體間溝通是建立感情的開始，彼此應該秉持團結合作的精神，凡事相互合作一起完成組織目標，感情也會越來越加溫，這就是團體中的溝通，即團體合作的精神。

(一)團體特質的特徵

團體的特質分成以下幾個特徵：

1.具有相當的組織化結構：通常包含角色、地位和吸引力關係。依結

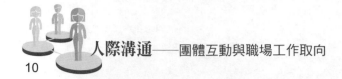

構的形式，有不同類型的團體決策出現。

2.具有明確的目標或功能：有解決問題、產生創造、溝通知識和價值，或功能設定標準、得到樂趣或參與歸屬感等多項目標與功能。

3.具有其個性或特殊性、具有變異性、具有持續性、具有複雜性：團體本身，典型上而言，是持續性在改變的，團體動力學者Shambaugh提出兩種看法：一種看法主張在團體交互作用中，會持續浮現一些重要主題；另外一種看法則認為團體會經歷持續發展與變遷的階段，不同階段，團體有其不同的重點。

4.具有對團體成員某種強制力：個人對團體會努力實踐對團體目標的承諾，也會堅定地接受團體分派的任務和角色。

5.團體成員間彼此分工、彼此互賴、具有凝聚力、具有心理互動與共同的認同感：Festinger在美國芝加哥大學社會研究機構之研究發現，凝聚力有兩個層次，即個人層次和團體層次。個人層次吸引力之基礎是喜歡、尊敬和信任；團體層次，其基礎是「一體感」（we-feeling）。一個愈和諧、凝聚之團體，愈容易達到滿意、合作之結果（何長珠，2003）。

(二)創新團體的特質與風格

上述特徵在團體裡非常重要，綜合上述重點，面對現代社會潮流，鼓勵團體創新思維，將創新團體的特質與風格，進一步說明如下：

1.團體明確的目標：是指團隊成員清楚地瞭解團體所訂定的目標，以及目標包含的重大具體理想與實踐意義。

2.成員相關的知能：團隊成員具備完成目標所需要的基本知能，博學多聞，積極進取，彼此能互動良好，相互合作。

3.成員相互的信任：成員對團隊內其他成員的品行和能力本諸誠信，

能寬大容忍同仁無心之過。建立對團體與同仁間之責任感，成員要求自我負責。

4. 彼此共同的諾言：這是團隊成員對完成目標的無私奉獻，鼓勵同仁坦誠表達，遵守誠信諾言。

5. 成員良好的溝通：團隊成員間擁有暢通的溝通管道。鼓勵同仁勇於實驗，提供有助於創新的環境，嘗試新事物。

6. 加強談判的技能：高效能的團隊，內部成員間角色是經常發生變化的，乃是要求團隊成員具有充分的談判技能，鼓勵同仁學習與成長，在關鍵時刻支持創新，對可能面對的風險設下停損點。

7. 團體公認的領導：高效團隊的領導，扮演引導角色，往往擔任教練或支持輔導的作用，他們對團隊提供指導和協助，而不是試圖控制成員。

8. 內部與外部的支持：既包括內部合理的基礎結構，也包括外部提供必要的物資資源與條件。

9. 安撫同仁在創新中所面對的挫折與失敗。

10. 尊重同仁的原創性，重視智慧財產權（江宗庭，2006）。

綜而言之，團體依其定義、分類、特質與目標而言，不論是自然組成的或是人為組成的團體，大部分都是在有特定目標下所組成。兩人以上所組成的團體成員，藉著認識交流，參與團體，認識團體中有共同目標的成員，以及團體中的規範與活動，使團體更具凝聚力。有團體的產生，人類的需求理念方得以藉由團體來組織與執行。因而，一個團體，除了具備團體目標外，成員間要有彼此互動的行為，能相互影響，方能稱之為團體。

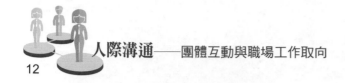

四、團體的目標

　　團體共同的目標，內涵分為組織目標之達成與個人需求之滿足。簡言之，即將工作達成，無論是什麼樣的工作與任務，如果是中間出現誤會與摩擦，均要妥善處理，將工作圓滿完成。團體為了要達成組織的目標，一般而言，會成立團體的宗旨，為了達成一個、甚至多個目標，實現理念而共同合作，共同實現團體目標。

　　任何團體的形成，都有其團體存在或發展的目標，例如：宗教團體大多勸人行善，教育團體則以學習為導向。明確的目標能指引團體的方向，使成員共同投入時間及精神，完成團體目標。反之，如果目標不明，使成員無所適從，容易離開團體，甚至破壞團體。所以當團體目標面臨問題時，應即時修正，方能強化團體的凝聚力，重新組織，避免團體因此被迫解散。

　　團體的目標本質，在於它是一個理想，是一般人努力去達成的預期結果，也是一般人所珍視的事務狀態。個體的目標要透過社會相互依賴而彼此牽連。其中牽涉社會助長、社會抑制、工作表現、團體決定、去個人化等因素。

　　綜合而言，不同的團體有不同的目標，團體的目標包含成員之間的互動及團體感。團體必須以團體目標與任務為依據，建構並維繫團體，建構團隊共同規範與共同願景。發展個人的潛能，促進自我實現。共同蒐集相關資訊、運用資源、尋找問題解決策略，以達成整體的工作目標（張德銳等，2005）。

學習活動與意見交流

　　提供Bales團體互動過程分析記錄表，指導學習者在團體互動過程中，依各項指標，實際記錄成員的各項表現，計算合計與百分比得分。

Bales團體互動過程分析記錄表

觀察行為＼畫記成員姓名＼次數	1 A	2 B	3 C	4 D	5 E	6 F	7 G	8 H	9 I	合計	百分比
團結、讚美、提高他人地位	//	/		/						4	8
解除緊張、欣然、表示滿足	/									1	2
贊同、接納、諒解、順從			//	///	/					6	12
提供建議、給予暗示		/	/	/	///					6	12
敘述意見、分析評鑑	/	///	///	//	///					12	24
提供消息、澄清	/	/	/	/	/					5	10
要求消息、確認					/					1	2
探詢意見		/			//					3	6
要求指示、詢問行動方法	//									2	4
反對、拒絕	/			/	//					4	8
表示緊張、退縮、要求援助		/	/	/						3	6
顯示對立、不友善、壓抑他人			//	/						3	6
合計	8	8	10	11	13					50	100
百分比	16	16	20	22	26					100	

資料來源：採自林振春、王秋絨（1992），頁86。

延伸學習與人際語粹

　　在團體的互動過程中，可以明顯看出來有哪些人積極主動、哪些人消極被動，對於議題的敏感度，或是對於談話內容所產生的情緒等，觀察一陣子後其實可以瞭解這個團體大致的情形與況狀。

　　在彼此成員間的互動過程中，其實領導者也是成員的一員，是平行的角色，也是控制互動過程的關鍵人物，有時候話題扯遠、離題、一個人占用太多時間，或是有些成員都只是被動地聽取別人的經驗時，領導者須適時地站出來控制情況、引導其他人發言，或是把話題引導回來。雖然諮商師、團體領導者是多元的角色，但在適當的情況下做適當的回應，是需要累積相當的團體諮商經驗才能有效地展現出專業與成效。

◎團體迷思

　　團體迷思（亦作團體盲思，groupthink），指某一個團體因為具有高度的凝聚力，非常強調團結一致的重要性，因此在討論問題時，壓抑了個人獨立思考及判斷的能力，迫使個人放棄批判及提出不同意見的機會，最後使團體產生錯誤或不當的決策後果（胡文惠，2004）。在決策過程中，由於成員傾向讓自己的觀點與團體一致，因而令整個團體缺乏不同的思考角度，不能進行客觀分析。一些值得爭議的觀點、有創意的想法或客觀的意見往往遭到忽視及隔離。團體迷思可能導致團體作出不合理的決定。部分成員即使並不贊同團體的最終決定，但在團體迷思的影響下，也會順從團體。

　　一般認為團體迷思這個概念由美國心理學家艾爾芬·詹尼斯（Irving Janis）首先提出。但William Safire於2004年8月8日《紐約時報雜誌》（*New York Times Magazine*）撰文指出，團體迷思一詞實為

William H. Whyte於1952年在《財富》雜誌中首先提出。

◎人際溝通的迷思

　　「迷思」是指似是而非卻根深柢固的觀點，會影響人的態度與行為。人際溝通的迷思增加了溝通的困境，妨礙溝通能力的成長。有哪些溝通的迷思呢？例如：

1.「只要是我喜歡，有什麼不可以」。

2.「犧牲小我，成全大我」。

3.「能忍自安，息事寧人」。

4.「對方沒有誠意、不可理喻」。

5.「衝突是不好的，要儘量避免」。（王淑俐，2000）

想像人際互動不同面向

圖片來源：葉苡欣提供。

Notes

Chapter

2

團體輔導的功能、界定、原則與方法

一、團體輔導的功能

二、團體輔導的界定

三、團體輔導的原則

四、團體輔導的方法

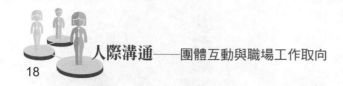

團體輔導在團體過程中，具有正向引導的功能。茲分別從團體輔導的功能、界定、原則與方法，加以說明。

一、團體輔導的功能

團體輔導的功能，吳武典等（1996）歸納為下列三種：

1. 教育的功能：在團體中可以作資訊交流、互相模仿、檢驗現實、嘗試與創造、學習人際關係的技巧。
2. 預防的功能：在團體中可以更瞭解自己、接納自己、瞭解別人、接納別人、滿足隸屬感，和互諒、互助、互愛的需求。
3. 診療的功能：在團體中個人的問題或困擾，可以藉著一般化作用而勇於面對，藉著澄清與回饋獲得瞭解，藉著淨化作用與洞察獲得抒解。

林振春與王秋絨（1992）歸納團體之兩種功能：

1. 引導成員進行輔導活動，促進團體之發展。
2. 激勵成員之向心力及歸屬感。

團體輔導蘊含著一些基本的精神和價值，團體輔導過程中，輔導活動透過規劃安排，都有它的目標與功能，只要事先用心設計，將達到預期功能與功效。

二、團體輔導的界定

團體輔導，是基於社會學與團體動力學的原理，發展人類的群性觀念，使當事人由自我認識，進而自我輔導，而能有效適應生活、學習與職涯各方面的問題。團體輔導是在團體中藉著人際交互作用，以幫助個人學習成長的歷程。

團體輔導的類型，依活動內容的整體型態區分，可分為結構性（structured）與非結構性（non-structured）兩大類（李郁文，1998）。這兩大類型活動的功能互異。所謂結構性活動是指在團體過程中，領導者已有計畫的（planned）、有系統的（systematic）、有時間限制的（time-limited）介入方式，來帶領團體的活動。非結構性活動強調不先設定研習的內容，而是依團體的發展狀況，成員間互動的成熟程度，再由成員自發性提出要探討的主題、內容，領導者不主動帶領，只適時的介入、引導和催化。

三、團體輔導的原則

團體的原則，是遵守團體所訂下的一些規定。團體輔導的原則與技術，劉焜輝（2012）以為團體輔導就是以促進輔導計畫為目的，採取一切的輔導活動。提出：起步、繞圈子（輪流發言）、增進溝通、角色扮演、引發對立情緒表達、摘要解釋、討論今後發展、處理抗拒、處理移情、處理反移情、回饋、增強、示範、有效使用結構練習之技術。

洪寶蓮（2000）所謂的「團體輔導的有效因素」，是指團體輔導過程中，有助於成員生理、心理、行為或症狀上改善的一切與團體有關的

因素；可能涉及團體進行中的目標、過程、取向以及參與的人等各層面的因素。

　　以小團體為例，研究小團體輔導效果的學者甚多（王文秀，1990；方紫薇，1991；李玉嬋，1995；陳若璋、李瑞玲，1987；Geroge & Durstin, 1988; Yalom, 1985），其中以Yalom（1985）所進行的研究最具有代表性，他將小團體輔導的原則，對成員產生效果的因素歸納為十二項：

1.注入希望（instillation of hope）。

2.普遍性（universality）。

3.訊息傳遞（imparting information），主要內容包含：

　　(1)領導者建議或勸告成員執行事項。

　　(2)成員間建議或勸告做一些事項。

　　(3)成員告訴我做什麼。

　　(4)團體給我一些生活問題的明確建議。

　　(5)成員勸我對生活中的重要他人採取不同的行為。

4.利他性（altruism）。

5.早期家庭經驗得到矯正性的重視（the corrective recapitulation of primary family group）。

6.自我瞭解（self understanding）。

7.行為的模仿（imitative behavior）。

8.人際學習（interpersonal learning）。

9.培養社會化的技巧（development of socializing techniques）。

10.團體的凝聚力（group cohesiveness），主要內容包含：

　　(1)隸屬並接納在同一團體中。

　　(2)和成員之間持續性的接近。

　　(3)在團體中說出個人困擾的事仍被團體成員接納。

團體的凝聚力

　　(4)在團體中不再孤單。

　　(5)屬於一個團體，這些成員瞭解並接納我。

11.情緒宣洩（catharsis）。

12.存在的因素（existential factors），主要內容包含：

　　(1)承認生活有時是不忠實與不公平的。

　　(2)承認沒有人能夠逃離痛苦與死亡。

　　(3)承認無論別人和我多親密，我仍必須獨自面對生活。

　　(4)面對生死的基本問題，會使生活真實。

　　(5)不論別人多麼幫助與支持我，我必須對我的生命負起責任。

　　當成員在參加團體的過程中，預期分享共同目標與期待，遵守團體規準，學習有效的溝通方式與技巧，將有助於成員在團體內改變與成長，尤其經驗到其他成員有所改變時，往往激發成員認為個人在團體過程中獲得協助與成長。

訊息傳遞與相互交流
圖片來源：葉日銘提供。

　　團體成員互動五階段由開始、付出、運作、回饋到結束。過程間成員若具同質性，將使成員感到大家都有共同經驗，有戚戚然的感覺，因而在這樣的情況下學習成長。從團體相類似的經驗，產生歸屬感，進而願意相互依賴、接納與交流。當你的團體有向心力時，成員間有密切關聯，彼此吸引彼此依賴，成員較接受團體的規準（洪英正、錢玉芬譯，2003）。

　　經由團體的互動，激發腦力激盪，提供個人解決問題的資訊與能力。團體內成員或領導者的教導、建議或互相交流與提供訊息，有助成員增加解決問題的能力，進而激發更多解決問題的技巧與方法，往往能以更周延的觀點與縝密的思維，圓滿處理問題。

縝密的思維與觀點，圓滿處理人際關係

在團體中，有時會使成員早期在家庭中所經驗到的事項，在團體中再度體驗。有些問題是與其在孩童期間發展的經驗有關，從瞭解自我與他人互動中，更能覺知自己。成員在團體內的思想、情緒、行為，受到家庭成長經驗的影響，表現在與成員互動中。

在良好的團體互動過程中，探討問題解決與經驗分享，協助成員瞭解自我人際方面的特質，瞭解自己的生活學習與習慣行為，覺知自我，覺知他人。將所學運用於往後的日常生活中，以改善、增進自己的人際關係。

人際間的互動過程，往往在有意無意之間彼此影響。就社會學習論的觀點，觀察、模仿及學習都是極其自然的過程。經由觀察、模仿及學習團體內其他成員的行為、態度、思考的觀點，甚至認同成員的觀點與做法。因而，在團體互動過程中，成員間的模仿學習，產生相互感染與影響。

在團體中經由成員彼此的互動，所產生人際間互相影響的改變行為。成員的問題大多與人際互動的情形有關，在團體溫暖、安全的氣氛下，協助成員面對以往不敢面對的情緒或傷痛的經驗，獲得安撫性的體驗。

從團體氣氛的引導下，對不善於表達自我或不容易與人建立良好親密關係的成員而言，團體如果在安全的氛圍中，將有助於成員逐步開放自己，瞭解自己，以及建立與他人良好的社會互動關係。

團體中的和諧度與吸引力，即團體成員覺得團體與其他成員具交互影響，願意投入、接納整個團體，並且對其他成員提供支持，願在團體中表達真實的看法與感受。基本上，團體凝聚力高的團體有助於提高成員的自尊、勇於表現，使團體呈現更穩定的發展。

當成員能夠自在地在團體中表達個人的真實情感與情緒時，則能夠激發自身能力去面對及解決問題。因此，當一個團體能夠讓成員的情緒或想法在安全的氛圍中適度表達，使其在過程中整理自己的困擾所在，自謀解決之道或接受其他成員的建議時，均有助於提升自己從困境中跳脫出來。透過團體過程，可領會到生命中的有限性與無窮性，以及原本就存在著不公平與些許不合理的現實本質，因此，人不可能亦不需去逃避生老病死或苦痛。再者，體驗到人終究是孤獨的，但面對孤獨並不是無法忍受的事，反而有助於用積極的態度生活，珍惜此時此刻的經驗，最後，為自己的過去、現在及未來負起責任。從團體中領悟到人生存在的意義。

上述各因素是在團體輔導中，對成員有所助益的因素，會影響團體成員的改變，而產生團體輔導的效果。但不是每個團體均具備這些有效因素，會因團體時間的長短、不同型態的團體及成員的特質，使團體輔導有效因素產生不同（王文秀，1990；李玉嬋，1995；陳若璋、李瑞玲，1987；Kivligham & Mullison, 1988; Yalom, 1985）。因此，團體領導者必須瞭解這些有效因素的內涵，引導及催化團體的進行，使這些團體輔導有效因素發揮最大的功能與效果。

四、團體輔導的方法

　　團體輔導的方法應兼顧問題、方式、情境等要素，運用自我表達、回饋、傾聽、澄清、實踐等策略，以促進自我實現。所以，首先必須瞭解團體的性質，發揮團體的效能，使團體的成員具備團體輔導的技巧和經驗（吳武典等，2010）。

　　團體輔導的方法，在運用專業方法，依據團體情境，透過團體互相學習的集體輔導方式，以期獲得知識，修正行為。方法包含下列要點：

1. 關懷互信：無條件的接納與關懷，尊重人格，以愛心、耐心和誠懇與當事人建立關係。

2. 適時回應：成為良好的傾聽者，適時做適當的回應；表現尊重、溫暖等特質。

3. 閱讀分享：推薦優良讀物，可透過團體進行專書或書報研討、交換觀點與看法。

4. 認知改變：輔導關係建立後，使用引導、暗示、說服等策略，協助成員強化理性思考。

5. 溝通練習：對缺乏自信與行動勇氣的成員，擬訂合宜計畫，加強溝通與互動行為演練。

6. 行為增強：運用各種行為改變技術改變成員行為，宜多運用積極性的增強策略。

7. 角色扮演：透過戲劇表演方式，增進個人瞭解自己、認識情緒、促進成長。

8. 示範作用：輔導員本身要具備助人專業的職業道德，負起示範之責任與作用。

9. 同儕輔導：儘量運用同儕資源，瞭解團體動力，取得合作助力，以

青少年帶動青少年。

10.家族治療：邀請家長與子女同來晤談，以達家庭成員參與之功效。

11.改變環境：營造改變良好環境，協調學校採取調校、調班、離家住校或適當的安置等方式，以協助當事人改變。

12.自我管理：要求當事人自我觀察、自我監督、自我評鑑和自我增強。

團體輔導，基本原理為助人的工作，講求彼此關懷、相互感知、人我和諧、共同成長。使個人在團體中，對自我、對他人都抱持著肯定的態度，發揮其正向功能。

 學習活動與意見交流

Diagnosing influence patterns in class（在課堂中的診斷影響模式）

本研究目的在使用行動研究法，協助學生討論班級中的人際影響，並鼓勵建構性的改變，教師首先分發一張名單，一份問卷，並統計各題被選學生次數。其次請委員會共同討論。先選三位具有潛能領導的男同學，並詢問委員對三位的想法。經討論後，同意每個人都有機會領導。

然後舉行陪席討論會將結論提出，組成新的委員會由三男三女組成，並提出讓全班學生有機會擔任領導員的決議。其他如班級幹部輪流擔任、計畫小組的混合組成、積極傾聽都被許多小組提出討論。教師要求各小組提名一人繼續與教師發展這種觀念的實踐，小組另選他人擔任領導者。

延伸學習與人際語粹

◎小故事大啟示──換個角度戴安全帽

奧克拉荷馬州營建公司的安全檢查員喬治‧強斯頓，負責檢查工地上的工人有沒有戴上安全帽，是強斯頓的職責之一。據他報告，每當發現有工人在工作時不戴安全帽，他便會用職位上的權威要求工人改正。結果是──受指正的員工常顯得不悅，而且等他一離開，就又把帽子拿掉。

於是強斯頓改變說話的方式。當他再度看見有工人不戴安全帽時，便問是否帽子戴起來不舒服，或是帽子尺寸不合適。並且用愉快的聲調提醒工人戴安全帽的重要性。然後要求他們在工作時最好戴上。這樣的效果果然比以前好得多，也沒有工人顯得不高興了（鄭慧傑，2004）。

◎思考與反省：提供人際互動之參考要點

1. 一般常人做錯事時，喜歡怨天尤人，責怪別人，通常不檢討自己。

2. 責怪他人時，謹記你曾經指責過別人，卻吃力不討好的例子。

3. 認清批評就像利刃，剪斷彼此的連結。

4. 明白通常想指責或糾正的對象，他們會為自己辯解，甚至反過來攻擊。

5. 假如想引起一場令人感到不愉快的仇恨，只要口出刻薄的批評即可。

6. 務必記得我們所相處的對象，並不是完全的理性，一般常人，通常具有情緒變化、成見、自負和虛榮等常態。

7. 班哲明‧富蘭克林年輕的時候並不圓滑，但後來卻變得富有外

交手腕，善於與人應對，因而成為美國駐法大使。他的成功秘訣：「我不說別人的壞話，只說大家的好處。」

◎經驗力

經驗力要透過很多挫折和學習才會得到穩固的基礎，更重要的一點是，不見得凡事都要嘗試才知道，所謂「他山之石可以攻錯」，從別人成功或失敗的經驗中記取教訓，吸收他人經驗，減少自己的摸索與失敗，這才是最正確而聰明的做法。

批評就像利刃，剪斷彼此的連結

團體過程的定義、內容與發展、問題診斷與處理

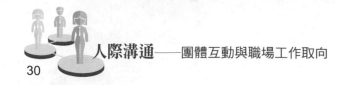
　　團體的本質是動態的，團體形成後，依據既定的目標發展，直到完成目標，茲分別從團體過程的定義、內容與發展、問題診斷與處理，加以敘述。

一、團體過程的定義

　　1.團體過程的定義，指團體經驗學習過程。個人的具體經驗開始，溝通及互補以溝通的結果改善原先的不足。
　　2.團體經驗學習過程，可作為人際關係的改善。

　　團體的整個生命週期過程裡，團體的發展，往往處在不斷改變的歷程中，每個階段都有它不同的工作任務與行為特徵。

二、團體過程的內容與發展

(一)Tuckman的五階段論

　　Tuckman在1977年的五個階段論為：定向、衝突、規範、生產、整合。歸納五階段團體發展模式為：(1)形成期（forming）；(2)風暴期（storming）；(3)規範期（norman）；(4)表現期（performing）；(5)散會期（adjourning）（Tuckman & Jensen, 1977）。
　　茲將Tuckman團體發展五階段過程，分述如下：

◆第一階段：形成期

　　在此階段，團隊與成員彼此關係尚未建立，缺乏合作的經驗或共

識，領導者需運用策略，辦理各種活動，例如：聚餐、露營、訓練活動、讀書會等，促使團隊成員能相互交流，使其在團體互信與互動環境下，發揮所長，成員充分瞭解團隊的目標與成員負擔的使命。

　　此一階段的任務，在於成員互相認識、信任，建立成員間的互相尊重與接納，瞭解團體的任務與目標，透過說故事的方式凝聚共識，經由團隊的互動建立願景，共同達成目標。

　　本階段促進團體的發展相關設計方案，通常包含：相見歡活動；讓彼此熟識活動或破冰活動；建立團體目標；分享團體傳統歷史；形塑組織與領導幹部研習；領導者與成員相互接觸；擬訂計畫；建立團體規範。

團體的聚與距

◆第二階段：風暴期

在此階段，團隊與個人彼此逐漸瞭解，成員具有基本團隊合作技巧，能達成團隊初步任務，領導者引導團隊相互融合，並預防團員互動不良，團隊成員會因行事風格差異，想法與意見或個性相異，產生衝突、意見分歧，甚至權力運作而與其他成員爭執摩擦，成員必須學習相互支持及有效溝通。領導者需有耐心及技巧，協助並解決紛爭，如果團隊成員能以建設性態度面對衝突，溝通整合，則團體可以提供自由表達、具有信任感、凝聚力、歸屬感的氣氛，此階段的目標在於發展運用有效的方法以達到團體目標。

本階段促進團體的發展相關設計方案，通常包含：自我分享活動；回饋活動；信任活動；溝通活動；衝突解決活動；協商與仲裁；規範研討；重新檢視目標。

◆第三階段：規範期（凝聚力形成）

在此階段，團隊與個人加強互助合作技巧，成員清楚明白職責、瞭解彼此行事風格、目標明確、任務為先，經由有效的整合，建立團隊決策模式及問題解析能力，領導者需指引團隊正確的方向，專注發展團體目標，並有效完成任務。

本階段促進團體的發展相關設計方案：深層的分享與回饋；團隊建立（team building）活動；鼓勵團體成員創新，建立新的團體目標；團體關係的繼續維持。

◆第四階段：表現期（執行階段或團隊生產或表現工作期）

在此階段，團隊成員彼此合作相互依賴，具有默契，建立團隊成員間良好互動機制及自我驅策動力，依既定目標完成各項任務，亦能有效應變，領導者保持監控，協助成員解決突發狀況。

本階段促進團體的發展相關設計方案：每個人都有工作分配；回饋與鼓勵；針對團體目標的活動訓練；個人責任活動；社會責任活動。

◆第五階段：散會期（團隊結束或轉換期）

本階段之現象為團隊完成目標，團隊成員接受新任務或結束團隊。團隊生命期結束，回顧歷史與共同的記憶。新的成員加入，協助新成員融入團體，並參與團隊的發展過程。有新的任務，又開始另一個團隊發展的週期。

本階段促進團體的發展相關設計方案：評量檢討活動；道別活動；經驗傳承與交接；未來的聯繫（吳武典等，2010）。

團體過程的內容包含團體溝通與互動模式，根據Northen（1969）提出，成員接觸產生的相互作用與力量，影響成員行為及態度改變，謂之社會互動。團體吸引力、社會控制、團體內發展的文化，均是團體的內容。

(二) Trotzer五階段說與Mahler四階段說

團體發展Trotzer五階段說分為：(1)安全與信任階段；(2)接納階段；(3)責任階段；(4)工作階段；(5)結束階段。

根據墨勒（Mahler）四階段說分為：(1)參與階段；(2)轉換階段；(3)工作階段；(4)結束階段。

Car Rogers根據他多年領導團體的經驗，認為一個團體的進行過程描述為如下十五種內容：(1)蘑菇（milling around）；(2)抗拒（resistance）；(3)回憶往事（recalled feelings）；(4)攻擊（lashing out）；(5)自我坦承（repealing self）；(6)此時此地的信賴（here-and-now trust）；(7)治癒的能力（healing capacity）；(8)自我改變（self-

change）；(9)拿下面具（cracking mask）；(10)回饋（feedback）；(11)面質（confrontation）；(12)幫助（helping）；(13)基本會心（basic encounter）；(14)積極的親近（positive closeness）；(15)行為的改變（behavior-modified）（張德聰、周文欽、張景然、洪莉竹，2009）。

例如：像剛開學大家都不認識，第一印象不錯的話，會開始相互談話或一起行動，有的人會在聊天時觀察你的舉動與行為，如果覺得不錯，這時就慢慢開始產生安全與信任階段；一段時間發現彼此合得來，而且沒有什麼衝突，就開始進入接納階段；責任階段開始有職位或是別人安排事情給你；工作階段是如果在團體當中有一些問題，要改善個人問題，並且將由團體中學到的或領悟，轉化為團體內部即開始嘗試於團體外個體生活中的行動；結束階段，各有想法與意見、個性相異產生衝突、意見分歧、權力運作，清楚明白職責、瞭解此人之行事風格，產生不合結束。

三、團體問題診斷與處理

團體問題診斷與處理分為個別團體成員角色、團體問題的來源與團體問題的分類與處理三部分，敘述如下：

(一)個別團體成員角色

團體成員角色大致可分成四類：發起者、沉默者、跟隨者與反團體者。

1.發起者：扮演激勵團體，引導團體新的方向或新的思維看待事情，或者刺激團體以具體行動奮發前進者。相對而言，發起者較具主動

性且喜好發言，經常能主動表達自己的意見，並且影響其他成員參與發言。

2.沉默者：在團體中從不主動發言，團體過程中經常是被忽略的，常扮演著退縮、不介入的角色，往往必須有成員或領導者帶領，才願意分享自己意見，表達時通常音調較低，而且語意較模糊不清。

3.跟隨者：不論團體有任何的需要，都會亦步亦趨地跟著團體進度走，往往會是較為安全的成員，也可能會呈現較少貢獻自己，而比較喜歡扮演自己是一個友善的觀察者。大部分時候都是配合團體進行，或跟隨發起者的意見，偶爾才會有自己的發聲與想法。

4.反團體者：又被稱為「個人角色」，在團體中往往只強調個人的需求，而不注重團體的需求，通常反團體者的團體行為將個人的問題視為首要考量，這類型的角色往往會抑制團體的進步和個人的成長。屬於這類的成員，不太重視團體規範，經常呈現與團體不相容的行為與模式，藉以展現自我，或做一些其他的行為，來吸引其他團體成員與領導者的注意，容易干擾其他團體進行討論，影響團體活動之進行。

(二)團體問題的來源

1.期待與現實的衝突。

2.對團體規範瞭解的不同觀點。

3.爭取權力核心情況的發生。

4.權威運用及對權威的反應。

5.性格或特質上的衝突。

(三)團體問題的分類與處理

1. 有關成員本身的問題：表現滔滔不絕、成為代罪羔羊、操縱者、沉默者、說教者等。
2. 有關團體過程的問題：通常面臨新成員加入、成員離去、成員受到傷害、強而有力的次團體、團體進展太深太快、團體氣氛冷漠單調、團體衝突等。
3. 有關領導功能的問題：領導者退縮不做事、爭取權力、霸道不民主等。

四、團體規範與人際關係原則

以改善人際交往素質為例，每位員工和管理人員，都有責任努力改善自己的人際關係知能，遵循正確的團體規範，瞭解人際關係原則，彼此相互尊重，營造和諧的團體氣氛，共謀團體發展。

(一)求同存異

相似性因素是導致人際吸引、建立良好人際關係的重要因素。求同存異就是把雙方的共同點發掘出來，作為改善關係的基礎。態度和價值觀的相似，是最重要的相似性因素，以它為基礎的人際吸引，是人際關係的穩定因素。因此，加強組織文化建設，培育共同的價值觀，是在組織內部改善人際關係的基礎性工作。

(二)以誠待人

真誠會產生感情的交融和心理的相悅，從而大大地增進人際吸引。要形成良好的人際關係，必須待人熱情誠懇，誠心誠意地與別人交往。在真誠的前提下，與人交往時，要注意對方面部的表情。時時要關心、體貼、同情、理解他人，設身處地為他人著想，將心比心，善於體諒別人，樂於與別人分擔憂愁，分享歡樂。

(三)尊重他人

在與人交往時，放大別人縮小自己，不要以自我為中心，突顯自己，誇大其辭，而應當以他人為中心，耐心傾聽對方的講話；不要心不在焉或隨意打斷他人談話。要尊重他人的表現、尊重他人的人格，只有尊重他人，才能贏得他人對你的尊重。

(四)嚴於律己

要建立良好的人際關係，在與人交往中必須謙虛謹慎、言行一致，嚴格要求自己。要求別人應做的，首先自己一定要做到；對自己的缺點要勇於自我批評與檢討，對於別人的批評應當虛懷若谷，客觀地分析與接受，缺失部分有則改之，無則嘉勉，不應形成偏見，耿耿於懷。以寬容正向態度面對，當能贏得他人之敬重，發揮團體的影響力。

學習活動與意見交流

行為在「說話」——請聽我沒說出來的

不要被我愚弄，不要被我的臉愚弄，

因為我戴了面具，一千個面具，

我害怕拿下這些面具，雖然沒有一個是真正的我。

假裝是一種藝術，也是我第二種本質，

但是不要被我騙了，絕對不要受我的騙，

我給你們的印象是堅強、自信、冷靜、獨立，

但請不要相信我這些。

我的表面是平順的，但表面只是面具，

表面之下的我是崎嶇的、恐懼的、迷惑的、孤獨的，

但我把他們藏起來了，我不要讓別人知道，

我怕在別人面前透露出我的缺點及恐懼，

所以我繼續製造面具來隱藏自己、偽裝自己，

庇護自己擋住別人瞭解的眼光，

而只有瞭解的眼光才能拯救我，

如果這種瞭解眼光還包含接納和愛的話，

那真是我的救星。

只有這樣的眼光才能把我從自築的監牢中解救出來，

只有這樣的眼光才能保證我自己對自己有信心，

才能確信自己是有價值的人，

但我不敢告訴你這些，我不敢，我怕——

我怕你看輕、笑我，你的嘲笑我受不了。

我怕我內心深處一無是處，我一點也不好，

你會看到這些而排拒我。

所以我玩遊戲、偽裝、戴面具。

外表堅強、內心顫抖。

請你不要受騙，不要相信我說出來的話，

請小心地聽並設法聽我沒說出來的話，

聽我想說，但不敢說的話。

我討厭隱藏，真的，我討厭玩自己的面具遊戲，

我喜歡做個真誠、自發的人。

但我需要你的幫忙，需要你的手來拉我。

資料來源：羅納阿德勒著，黃惠惠譯（1987）。《心聲愛意傳千里》。台北
　　　　　市：張老師出版社。

傾聽與溝通才能看見隱藏在面具後的真我

延伸學習與人際語粹

◎保持正向思考的方法

心理醫生提供經常保持正向思考的方法：

1.以包容的心來看待身邊的人、事、物。

2.儘量不說批判及攻擊性的言論。

3.仔細觀查生活的周遭，並懂得以感謝的心來面對。

4.找一種最適合自己的放鬆方式，如聽音樂、閱讀、打坐冥想等。

5.不斷提醒自己：任何危機都可能成為一種轉機。

6.多一點付出、少一點期待；凡事盡力做而無所求。

7.克服恐懼的心理，成為生命的勇者。

8.適時安排旅遊，多接近大自然。

◎復原力

復原力（resilience）通常指個體克服困境而能持續正常發展的能力。古典的復原力研究有三種分類：

1.從曾創傷復原的患者中研究個別差異，說明某些來自父母精神異常家庭的兒童能長期處在嚴重困境和心理壓力下，卻能發展出健康的情緒和高度的能力，而稱之為適應良好的兒童（invulnerable child），而有些仍成為易受傷害的人（vulnerability）。如Rutter（1979）研究父母有心理疾病的125位兒童十年，比較復原與未復原者的差異。

2.從高危險群中探討比預期更好的研究。如Wener與Smith（1977）長期研究高危機小孩，比較擁有抗壓能力或保護因子

對適應行為的影響。

3.從壓力情境中有正向適應的個體研究。如勝任方案（the project competence）追蹤生活壓力源對能力水準的影響（Masten, Best, & Garmezy, 1990），這些研究將焦點注意到那些能抵抗壓力或具有復原力的個體，究竟有什麼保護因子或機制使其能克服困境，這些保護因子或機制就是復原力的概念（朱森楠，2012）。

◎笑與健康

1.抒解壓力。

2.減少疼痛。

3.增進身體機能。

4.促進身體新陳代謝。

5.預防文明病的發生。

蝶戀花——大自然的奧妙與感動

圖片資料：葉苡欣提供。

Notes

Chapter **4**

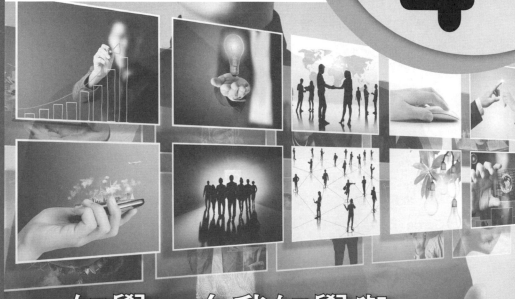

知覺、自我知覺與
對他人的知覺

- 一、知覺
- 二、自我知覺
- 三、對他人的知覺

　　人類的行為反應多是根據知覺而行，眼睛、耳朵、鼻子、皮膚和味蕾集合資訊產生感覺；而頭腦則從收集的資訊項目中選擇、組織，予以解釋和評估而形成知覺（曾端真、曾玲珉譯，1996），感官只是攜帶外界訊息而已，而大腦的整個活動才是決定最後的知覺體（percept）。

一、知覺

　　知覺（perception）係理解外界環境物體事件的整體歷程，即去感覺、理解、檢定、標記外界的刺激，以完成回應的準備（Zimbardo & Gerrig, 1999）。

　　知覺是外界刺激作用於感官時，人腦對外界的整體的看法和理解，知覺與感覺雖同樣為外在刺激引起的心理反應，但知覺卻是個體對外在客觀刺激加以選擇、組織並賦予其主觀解釋的心理歷程。在知覺歷程中，個體對刺激選擇、組織、解釋時，不但會超過原刺激的客觀特徵，甚至會將原刺激的特徵加以扭曲，賦予其特殊意義（張春興，2003）。

　　知覺歷程可分為三階段：

(一)選擇

　　我們身處大量的感官刺激中，但是注意到的部分卻很少。知覺選擇會受到感官的限制。人往往選擇性的注意某些事情，而忽視其餘部分。選擇主要受到幾個心理因素限制：刺激的強度、重複的刺激、偏好或興趣、需求、動機或期待等。上述因素共同作用的結果，限制了我們對感官所接受到刺激（stimulate）的選擇。

(二)組織

根據完形心理學（Gestalt psychology）的論點，大腦依據下列原則以組織訊息（張景媛，2000）：

1. 相似法則（principle of similarity）：在知覺場地有多種刺激存在時，知覺上傾向於將相似的物體歸為同一類。
2. 接近法則（principle of proximity）：有時候知覺場地中的刺激特徵並不十分清楚，我們會主動地按刺激間距離關係，相對距離較接近的物體會被視為同一類。
3. 連續法則（principle of good continuation）：我們的視覺喜歡平滑、連續的物件，並非一個突然改變的方向，連續的圖形、符號，亦具自然組織成群的傾向。
4. 閉合法則（principle of closure）：當圖形的界線被遮蔽或缺少部分輪廓時，人類的知覺系統會自動補齊被遮蔽或缺少的部分，使圖形看起來是完整的整體。

資訊藉由大腦的意識所接收的，一旦大腦選擇這個資訊，它也就組織了這個選擇。知覺的組織依賴許多因素，包括語意清楚的程度與情感狀態。例如：資訊愈不清楚或愈複雜，就愈難加以組織，所需的組成時間愈長，而且愈可能錯誤（曾端真、曾玲珉譯，1996）。

(三)解釋

當大腦選擇和組織感官接收了資訊之後，即會予以解釋，而產生意義。選擇和組織為確認之過程，解釋則是評估（evaluate）。一般而言，影響對訊息詮釋方式的因素包括：交情深淺、過去經驗、態度、期望、

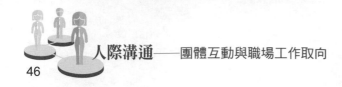
資訊與關係滿意度（胡愈寧、葉肅科，2013）。

二、自我知覺

自我知覺指如何定義和評估自己。如何和人溝通，主要依賴自我知覺的結果，因而有可能是有偏失的。對於自我知覺，一般可以從自我概念、自我形象（self-image）及自尊三個方面來說明。

(一)自我概念

自我概念是一個人對於自己是怎麼樣的人的一種覺知，往往於長大成人前即已形成，而且經由個人所認為的角色表現在行為上。角色（role）是一個人認為符合特定情境時的一種行為模式。扮演的角色時常受到社會的期待、文化的認同、人際的關係與自己的認定而形塑。

活動性自我概念（working self-concept）是當一個人在某一特定情境角色的特殊自我概念。

1.活動性自我概念會因為角色的轉化而改變。
2.當情境改變時，往往會變成不同的角色；適應不同狀況，角色扮演會隨著改變。
3.當一個角色結束時，大部分的自我概念也會因而結束。

因此，多種角色的變化，有助於壓力的減輕。具有多重角色的人，較能抗拒負向事件的影響。

(二)自我形象

自我形象為自我概念的知覺，由自我評價所形成，會受個人經驗及他人看法的影響。自我形象的形成來自早期生活，第一個最重要的「他人反應」即為雙親和家人。每個人的第一次經驗都比後來的經驗，對自我形象有重大的影響。而自我形象的產生有賴知覺的正確和處理知覺的方式。

自我形象與溝通有關的兩個部分為：自我應驗預言（self-fulfilling prophecy）和訊息的過濾（filtering message）。「自我應驗預言」是由溝通傳達，經由自我應驗預言，個人的自我形象逐漸變成「真的」，即是預言應驗，意識或下意識地，你相信自己就是如此，也就是「比馬龍效應」（pygmalion effect）。

自我形象影響的第二部分是「訊息的過濾」，有賴訊息過濾的正確和處理知覺的方式。因而，自我形象恰如過濾器一樣，過濾我們選擇之訊息。

自我形象愈正確，對別人的知覺愈正確。自我知覺和對別人知覺，需依賴正確處理資料的能力。

(三)自尊

自尊是對自己正面或負面的評價，是自我價值評斷層面。自尊會影響溝通，可以調節修正內部訊息，和影響我們對別人的評價。研究顯示自尊影響我們對於行為的歸因，低自尊者易於否定自己；反之，高自尊者則較具正面的自我觀點（鄭佩芬，2014）。因而低自尊的人時常會否定自己，並且以自我否定的方式來說話或表達；有較高自尊的人則常顯現正面的自我觀點，而且會用期待被接受的語言或方式來做表達。

三、對他人的知覺

自我形象和自尊不只影響我們的溝通行為，也會影響我們對別人的知覺。我們對他人的知覺，是由於對感官接收的訊息產生之印象、對訊息的組織和處理，形成對訊息的選擇。

影響社會知覺的要素，包含身體特徵和社會行為、知覺偏誤、刻板印象（stereotyping）、情緒狀態、先入為主（即第一印象）及不確定性縮減理論。說明如下：

(一)身體特徵和社會行為

社會知覺往往由人的身體特徵和社會行為，作為印象形成的基礎。例如：面部特徵、身高、服裝、音色、性別。

(二)知覺偏誤

當我們觀察一個人的某些特點後，可能未經驗證即對他的其他特質加以評價，這種對他人知覺的推論隱含對人格的假設，這就是「隱含人格理論」（implicit personality theory）。這種現象是一種邏輯誤差，這個傾向即是所謂的「月暈效應」（halo effect）。

(三)刻板印象

刻板印象，是對人的過度簡化的觀點或不經思考所下的評語，常常只依據人的階級和類別來評斷人的特質，而導致錯誤的知覺。例如：「爸爸起床看書報，媽媽早起忙打掃」，即是性別刻板印象。

(四)情緒狀態

情緒狀態是一個影響我們去正確知覺他人的重要變項，人們有一個很大的傾向是往往依當下的感境狀態知覺與詮釋他人的行為（Joseph P. Forgas, 2013）。

(五)先入為主（即第一印象）

兩人見面所形成的最初印象，往往用來引導行為，將不同的資料先後呈現，對方記得較多先前的資料，謂之「初始效應」（primary effect）。而在後續的互動中，這些知覺會被增強或改變。

人際互動中自我知覺與對他人之知覺

圖片來源：葉日銘提供。

(六)不確定性縮減理論

　　人際關係的發展與Charles Berger和James Bradac在1982年提出之「不確定性縮減」理論有關聯，簡單而言，我們會設法尋找關於他人的資訊，強化對於他人的瞭解與預測，因為如果我們不確定他們像什麼，我們將難以預測他們的行為，知覺在減少不確定性的過程中，扮演重要角色（林燦煌，2016）。因此，致力不確定性的縮減可以幫助人際關係的建立。

人們很容易根據第一印象就決定對某個人的判斷

學習活動與意見交流

◎運用周哈里窗進行自我覺察

他人如一面鏡子，回饋有助於自己驗證覺察。

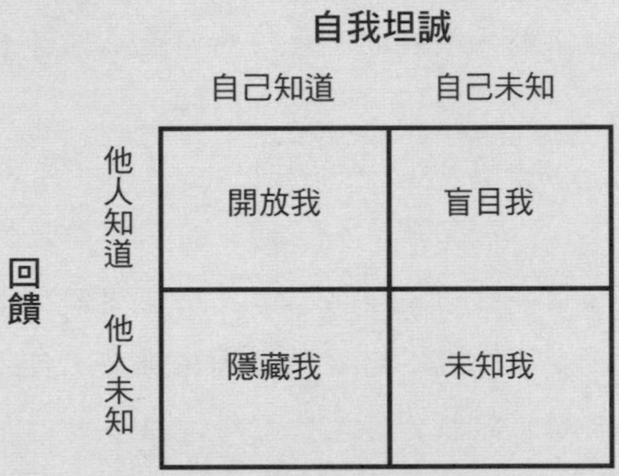
自我坦誠
自己知道
自己未知
回饋
他人知道
他人未知
開放我
盲目我
隱藏我
未知我

圖4-1　周哈里窗

資料來源：陳皎眉（2004）。《人際關係與人際溝通》，頁66。台北市：雙葉。

美國社會心理學家約瑟．魯夫特（Joseph Luft）和哈利．英厄姆（Harry Ingham）提出「周哈里窗」（Johari Window），此理論把人的內在區分為四個部分：開放我（open self）、盲目我（blind self）、隱藏我（hidden self）、未知我（unknown self）。用此四點盤點自己在職場上的優劣勢關係，有助於個人在職場上適合自己的位置。每一個人的優缺點不同，因此，我們應該努力發掘自己的長處，如此才能建立正確自我的概念，與他人建立良好職場之人際關係。試圖開放我漸形擴大（enlarge），使人我之間的人際關係更為開放圓融。

◎「人」在中國文化之思維與百態

以「大學」文化內涵為例：

三綱：「明明德」、「親民」、「止於至善」，大學的道理，在於彰顯人人本有，自身所具的光明德性，再推己及人，使人人都能去除汙染而自新，精益求精，做到最完善的地步並且保持不變。為生命追求之境界。

八目：「格物」、「致知」、「誠意」、「正心」、「修身」、「齊家」、「治國」、「平天下」。經過一番窮理盡性的功夫，物欲革除之後即物格，一切事物的道理無不清楚明白即知至；明理之後，起心動念皆是真誠無妄即意誠；起心動念真誠無妄，自然存心端正無私無偏即心正；身心端正無私，自然會好好地修養德行即身修；能夠修養德行身體力行，自然一家和睦井然有序即家齊；家庭經營得井井有條之後，才能夠治理好國家即國治；國家的治理能夠上軌道之後，才能進一步使天下太平即天下平。係由內而外的修養與作為。

◎文化生活下的眾生百態

聽話的人，往往對人生失去自覺與反省的能力，反之，不聽話的人，往往被排擠於人際與團體之外。

以知覺、自我知覺與對他人的知覺為範疇，探討透過批判而自覺，經由對自我知覺與對他人的知覺而重新解讀文化生活與生命之意涵。

◎交流互動分析之溝通技巧──PAC理論

源自於1950年代由人際溝通大師、加拿大心理學家艾立克·伯恩（Eric Berne）所提出的經典溝通分析（Transactional Analysis, TA）理論。

PAC模型（P、A、C分別代表Parent、Adult和Child的首字）：

1.受父母的影響（Parent, P）：是記錄在腦子裡的早期經驗，也就是父母親在小時候諄諄告誡的那番話，「不可以……」、「要……」等，這些教條，常是以後行為時的永久資料。依其慣用之溝通對話語言又可分為：命令式權威父母型及慈愛關懷式父母型。

　　P：父母自我狀態——從個體對重要他人，所內射的感覺、情緒和行為來處理現實。

2.受後天教育（成人）的影響（Adult, A）：將刺激轉化成訊息，根據過去的經驗，檢查「P」的教導以及「C」的感覺，來做出決定。

　　A：成人自我狀態——針對現實具主體性的統合感覺、想法和行為之反應。

3.受兒童的後遺症的影響（Child, C）：是兒童時期內在情緒紀錄的重播，屬於情緒性的反應。

　　C：兒童自我狀態——以小時候的思想、感覺和行為，來因應眼前現實。

　　每個人都有以上三種狀態。小組研討PAC理論或稱自我狀態模型（ego-state model）在溝通分析學派中重要的理論與實務。

延伸學習與人際語粹

　　美國人際關係學大師戴爾·卡內基說：「成功來自於85％的人脈關係，15％的專業知識。」

◎溝通案例分享

人際關係基本技能——不批評、不責備、不抱怨

　　父親備忘錄～摘錄自李文斯敦·朗德（W. Livingston Larend, 2010）

　　文中重點與大意：

　　聽著，我有一些話要說。雖然你睡得正熟，一隻小手掌壓在臉頰下，你的額頭微濕，蜷曲的金髮黏貼在上面。（這是父親在熟睡孩子旁的關注及內心有所感）

　　我偷偷溜進你的房間，因為剛才在書房看報的時候，內心不斷受到苛責，終於帶著愧疚的心情來到你的床前。（父親內心的懺悔與反省）

　　我想了許多事，孩子，我常常對你發脾氣。

　　早上你穿好衣服準備上學，胡亂用毛巾在臉上碰一下，我責備你。

　　你沒有把鞋子擦乾淨，我責備。

　　看到你把東西亂扔，我更生氣地對你吼叫。

　　早餐罵你打翻東西，吃飯不細嚼慢嚥，把兩肘放在桌上，奶油塗得太厚等。

　　不顧你的顏面，當著別的孩子面前叫你回家並對你吼叫。（以上為父親責備的理由）

　　我養成了一個壞習慣，挑錯、喝斥的習慣。

我對你期望過高，不自覺地用自己年齡的標準去衡量。

明天起我會認真做一個真正的父親，和你結為好朋友。

痛苦的時候同你一起痛苦，歡樂的時候同你一起歡笑。（父親的反思與期許）

資料來源：摘自《卡內基溝通與人際關係》一書，嘉威企管整理。

※生活案例中由知覺、自我知覺與對他人的知覺之省思，探討是否我們也曾有過類似經驗，試分享交流與討論。

人際關係基本技能——不批評、不責備、不抱怨

Notes

Chapter

5

語言的特質與運用

- 一、語言的特質
- 二、語言的運用
- 三、十招人際溝通的語言技巧與形式
- 四、文化是重要參考架構
- 五、關於幽默——笑與幽默是人類獨有的特質
- 六、Habermas的現代性哲學論辯與溝通
- 七、Habermas「現代性哲學論辯」在溝通歷程
  上的啟示——真誠、信任、有效的溝通關係

一、語言的特質

　　語言最基本的特徵為語音、詞彙、語法、語用、文字等，就廣義而言，是人與人溝通的方式。符號通常稱為文字，往往以視覺、聲音或觸覺的方式傳達與傳遞。

　　文字即原始文字，是人類用來記錄特定事物、簡化圖像而成的書寫符號。文字在發展早期大多以圖畫形式的表意文字（即象形文字）表達，與語音無甚關係，中國文字由此漸次演變。有些中文字可以從表面、部首、字旁看到一些聯繫旁通的字義。而這些特色是拼音文字所沒有的。所以古代中國文字在不同的語系區域是擁有不同發音的，即方言的存在。歷經不同演變，部分發展成語言的符號系統，後來可用於記錄人生經驗與見聞。一般認為，文字是文明社會的標誌與產物。

　　另一方面，從古埃及文、羅馬文字及拉丁文字則發展到後期都成為語音符號，即外文的字母，不同的外文字母合併成一個外國文字。由於不同字母分別賦予一個音，不同的字母合併成切音，形成音節，成為記錄語音的表音文字。

　　在語音學與音韻學中，語音指的是說話時所發出的聲音。最小的語音單位為單音，而在建構成單音時，需要幾個音素合併成「切音」。語音是用來表達語言的聲音，被定義為人的發音器官所發出來的聲音，並且具有特定意義的音符或聲音。

　　詞彙又稱語彙，是指所有詞語的總稱。中文詞語指有獨立意思由兩個或兩個以上的字組成的詞。詞彙通常隨著時間的發展演變，成為人與人交流溝通、表達思想與情感的媒介，亦為獲取知識的實用工具。

　　語法即語言學中語法，英語為Grammar，是指任意自然語言中控制子句、詞組以及單詞等結構的規則，運用符號的正確使用規則，稱為文法，

這一概念也被用來指對於這些規則進行研究的學科，例如詞法學、語法學或音韻學等，並和其他學科如語音學、語義學或語用學互相補充。

語用為溝通與達成社會互動的功能。人際溝通中，口語表達技巧十分重要，即面對說話對象，適時地說出適當的話語。因此，口語表達良好的人，除了口語表達方面具有良好的素養外，也必須能夠掌握在適切時機與關鍵，並針對特定對象表達欲傳達之意圖（管秋雄，2007）。

二、語言的運用

人與人之間的溝通，以語言為最直接之傳達媒介，聞其聲而知其情，語言的聲音由耳朵所接聽，語言的意思和涵義由人心所領會。人際間語言之技巧，在透過語言的聲音和意義，使人與人之間產生互相瞭解、互相信任、互相交流和互相調和，最終獲人際溝通的達成（黃培鈺，2011）。

人際間相處重要的是需要保有信任，一旦信任瓦解，其實很難再繼續相處。做一個有誠信的人，衡量自己的能力，謙卑為懷，不誇耀自己，適度表達，言而有信，自己做不到的事不輕易答應。良好的言語溝通往往帶來好的回應，表達自己的想法，也要站在別人的角度，多方面思考更多問題與面向，學會良性溝通。依情境選擇最好的溝通表達方式，與他人建立良好溝通關係。

語言的運用，主要在溝通彼此的想法，在商務談判中有如樞紐與橋梁，占有相當重要的地位，往往決定談判的成敗。因而在商務談判中如何恰如其分地運用語言技巧，謀求談判的成功，是商務談判必須考慮的主要問題與重點。

美國語言學家斯威特說：「語言是概念的表達。」布隆克認為：

「語言是指一個社會集團內部協調一致的任意有聲符號系統。」（黃愛靜，1995）。語言是人類特有的一種符號系統，是重要的交際工具和存在方式之一，可用於表達事物、動作、思想、狀態，進行現實觀念交流方式的工具。嚴格來說，語言是指人類溝通所使用的語言，即自然語言。在一個先進的社會中，一般人都必須透過學習才能獲得語言能力。

我們在生活中需要與他人產生互動，與他人互動的過程中，主要是透過語言來傳遞訊息，利用語言溝通來達成，經由語言溝通建立各種不同的人際關係。

語言溝通是一個訊息傳送的過程，訊息傳送者將訊息編碼後，以不同的符號，經由不同的管道，將訊息傳送給接受訊息的人，接受訊息的人接收到這些符號後，再進行編碼解讀。這樣來往的訊息互動，形成了彼此雙方的溝通，也建立起雙方的關係。

當我們在進行語言溝通時，不只在傳達語言的內容，還會伴隨著臉部表情、眼神、姿勢、口氣與音調等語言符號，影響對方瞭解我們表達的涵義，因此，編碼和解碼的過程，在人際關係的溝通中相當重要，如何用清楚的結構並傳遞各種語言或非語言的訊息，以及提升接收訊息的能力，有助於加強溝通的有效性及正確性。

圖5-1溝通模式，說明如下：

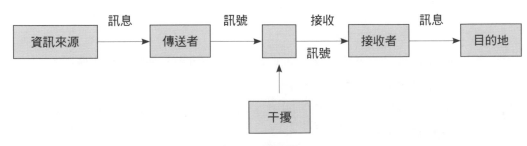

圖5-1　溝通模式

資料來源：Claude Shannon & Warren Weaver (1949).

上述溝通模式，進一步說明溝通的基本認知為：

溝通是一個過程，溝通是由訊息的傳達、接收與解讀所構成的連續性過程。溝通就是透過這個模式與過程，收集、處理及傳播訊息。溝通的過程可以解構為以下七個步驟：

1.Ideation（構思過程）：先有意念產生，藉由溝通，傳達彼此思維。

2.Encoding（收集）：將傳達的訊息「信號化（數位化）」，經編碼歷程。

3.Transmission（傳輸）：選擇管道將信號發送出去。

4.Receiving（接受）：接收被「信號化（數位化）」而傳達的訊息。

5.Decoding（解讀）：將所收到的訊息還原為「非信號化」，經解碼歷程。

6.Understanding（理解）：判斷、解讀所收到的訊息並思索應如何回應。

7.Action（行動）：正式採取行動（回應）（李良達，2016）。

語言能力是指個人在語言的運用上，所能發揮的最高程度，溝通能力則是指溝通者能否設身處地考慮對方的情境及特性，做出適當的表達，讓傳遞的訊息容易為對方瞭解與接納，而人與人之間的溝通主要以語言為媒介，因此，語言溝通能力影響人際關係，但溝通能力不是僅具有語言能力就能充分展現的，真正擅長溝通的人是充分理解人際間關係且適當發揮溝通功效的人。

如何達到良好的溝通，除了清楚的言語表達之外，更應該注意適當說話。適當說話的意思，是指在言詞中運用符合聽者的需要、興趣、知識和態度，得以順利進行溝通，並促進彼此的互信關係，避免造成人

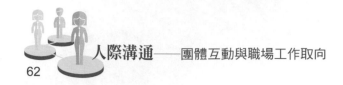

際的疏離感。因此，在與人溝通之前，能開放自己、瞭解自己、保持善意，並且嘗試提供一個與對方建立良好互動關係的情境，是強化溝通效益的原理與法則。

良好的溝通情境

圖片來源：葉日銘提供。

三、十招人際溝通的語言技巧與形式

(一)理解溝通的細微意涵

溝通早已不再局限於口頭的交流，而變成人與人之間聯繫的有效方式。溝通過程中，存在著許多干擾和誤解資訊傳遞的因素，在溝通的過

程中，資訊的內容和涵義，經常無法全然理解。理解這種溝通上微妙的差別，會使你更加意識到提高自我理解溝通能力的重要。

(二)表達自己的觀點看法

大多數人往往因為擔心達不到人際間的期望，不輕易表達觀點與想法。通常在人際間的談話中，傾向於保留自己的想法。當資訊傳達時，有效的溝通最主要的目的，就是能在安全互信的環境中，表達出自己的觀點與看法。

(三)保持眼神的交會交流

談話時注視著對方的眼睛，往往會將其飄忽不定的注意力，引導至彼此的交談中。每一個談話者都認為吸引聽眾的最佳方式，即是與對方保持眼神的交會與交流。如果想提高人際間的溝通技巧，想吸引聽眾的注意力，謹記說話時直視對方的眼睛，保持眼神的交會交流。因為眼神的交流能使談話者的注意力更為集中，如果沒有眼神的交流，言語交際無法發揮有效的作用。

(四)肢體語言的觀察表達

肢體語言，通常在自然情境中，不自覺流露與表達內心情緒與想法，有時並不需要口頭語言，對方即可從肢體中看出端倪。它可以透過個人的特殊動作習慣、表情和肢體行為來表達溝通。有效的溝通需要口頭交流與肢體語言的交互配合，而在溝通時達到充分解讀的效果。

(五)理解溝通中善於傾聽

溝通並不是單向的過程，而是說與聽之間雙向互動。傾聽與說話一樣重要，甚至比說話重要。事實上，大多數交際專家或學者都認為，理想的溝通者，聽的要比說的多，傾聽是溝通中重要的一部分。傾訴能緩解人際關係的困擾，聽起來多麼令人振奮，往往有時候僅僅傾聽，即能獲得安撫與慰藉。傾聽不僅能豐富交際經驗，還能在人際間獲得更多的共鳴與交流。

傾聽是溝通中重要的一部分

(六)溝通表達的口齒清晰

發音不清楚總是使傾聽者很費解。在溝通情境中，口齒清晰顯得非常重要，溝通表達中要特別加以重視。清晰的發音，能使資訊的傳達更加正確有效。表達時不僅需要深入瞭解口語發音，口齒清晰的溝通表達，更增進彼此的瞭解與理解。

(七)語言溝通的發音標準

演講時，演講者的發音標準，通常更能達到預期的效果。很多時候，往往因為不良的發音，即使演講家，也會遭遇聽眾的笑場，或許因而使得演講效果大打折扣。錯誤的發音，往往造成傳達的資訊被曲解。發音標準的重要性由此可見，語言溝通的發音標準，更確保溝通的有效性。

(八)增加詞彙的表達溝通

溝通的技巧，包括更新詞彙量的表達。在公眾場合，由於用詞不當，造成文詞枯窘，最後面臨尷尬場面。因而，學習新的詞彙，是提高溝通技巧的有效方法。它不僅能提高口頭表達能力，還可以幫助表達的豐富性，增進人際間更好的交流。如能運用恰當詞彙，當可幫助成功地表達自己的想法，並有效吸引傾聽者的注意力。

(九)閱讀書籍的論點應用

閱讀相關書籍，是提高人際溝通技能的引導指南。學者專家把他們的研究經驗轉化為文字，說明人際溝通的學理與技巧。在可供選擇的書籍中，可以多方面涉獵閱讀，吸收與模仿書中提到的原理原則與技巧方法，提高自己的交際方法與技能。這些循序漸進的指示，能縮短摸索的時間，幫助我們深刻理解溝通的理念，並提升我們的溝通能力。

(十)其他有效的溝通方式

人類是萬物之靈，擁有優秀的語言溝通。在生活中與他人溝通，並在這個過程中學習新事物。要提高交際的技能，最好的途徑是多方面向

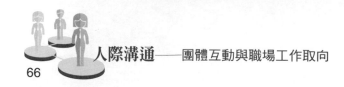

別人學習，即所謂「三人行，必有我師」。只有觀察他人，相互互動，才有機會學習彼此的知識與經驗。觀察彼此的談話者，將擴展經驗與視野，從中學習別人的優點。多接觸有良好溝通能力的友伴，並觀察模仿他們的說話方式和溝通模式，建立自己的獨特溝通風格。

四、文化是重要參考架構

就文化層面而言，Hall（1976）將口語溝通的差異分成低情境和高情境的溝通（low and high-context communication）解釋。歐美文化屬低情境的溝通，傾向直接表達，亞洲文化屬高情境的溝通，以間接方式溝通（鄭佩芬，2014）。

亞洲語言包含許多對親戚關係的謂稱，例如：我姑婆（祖父的姐妹）、我舅公（媽媽的舅舅）、我的小兒子，這些字眼的運用，反應對家庭腳色關係的敬稱語稱謂。英文至今這種稱謂，相對得少，可見西方文化對家人長幼有序，關係比較淡薄（Julia T. Wood, 2006）。

文化認同來自地域性持續性觀點，有其傳統歷史與文化脈絡，是不會輕易改變，我們被過去的敘事，以不同的方式擺置定位，也以不同的方式將自己擺置在過去的敘事中，說話是技術也是藝術。

言語溝通時，注意說話功效之要點為：

1.說話態度，左右你的事業前途。
2.懂得說話，相當於成功了一半。
3.話題適宜，言語暢通沒有阻礙。
4.合理說話，不情緒化表達言語。
5.設身處地，說服對方看法觀點。

五、關於幽默——笑與幽默是人類獨有的特質

　　幽默是人與人間溝通關係的潤滑劑，在團體生活與工作環境中，能增進人際間的活力與動能。幽默不是開別人玩笑，是懂得開自己玩笑，以不傷害他人為原則，盡可能不以別人為開玩笑的對象。自己的自尊心不能放得太高，當別人開自己玩笑時，不要太在意也就不容易生氣，順著別人的話題或巧妙地避開，或自我解嘲。

　　在生活中適度發揮幽默，可帶來莫大功效，幽默是彌補缺失的針線包，是難堪挫折的轉換劑，可導引人生的智慧道路，因此，幽默是一種「語言智慧」。

　　自羅馬學者西塞羅（Marcus T. Cicero）、昆蒂連恩（Marcus F. Quintilian）對幽默的研究以來，人們更相信幽默具有喚起人們注意的功

幽默是人與人間溝通關係的潤滑劑

能（蔡鴻濱、郭曜棻、陳銘源，2012）。幽默的妙用不言而喻，幽默可化解人際關係的緊張氣氛。無論是在何種場合與情境，往往可減輕他人的不安情緒，帶給周遭的人笑聲與歡樂。小到學校生活、工作場合，大到生意場合，具有幽默感的人，充滿著活力與魅力，談吐風趣機智，幽默無形中拉近人與人之間的距離，自嘲是踏出幽默的第一步，獨特的表達，容易讓人留下深刻的印象，導引邁向成功的道路。

保持沉默或說話，皆無法逃避問題，舉例說明如下：

從前有位僧侶，他的徒弟是個懶蟲，老是睡到日上三竿。

有一天他叫醒徒弟，並對他大叫：「你還睡，連烏龜都已經爬到池塘外邊曬太陽了！」就在此時，有個人想要抓些烏龜給母親醫病，他聽到僧侶的話後，就趕到池塘邊。

果然，有許多烏龜正趴在太陽底下。他抓了幾隻烏龜，為母親燉了湯。為了感謝僧侶的建議，他帶了些烏龜湯給他。僧侶卻對烏龜的死感到愧疚，於是發誓不再說話。

過了些時日，這位僧侶坐在寺廟前，他看見一位盲人朝著池塘走了過去。他原本想要叫盲人不要再往前走，但他記起了他的誓言，決定保持沉默。正當他的內心在交戰時，盲人卻已經掉到了池塘裡。這件事讓僧侶感到難過，才明白人活在這個世界上，不能一味地保持沉默或喋喋不休，我們必須使用智慧，才能生存在這個世界（延德，2009）。

該言而不言，不該言而言，皆非智者所應行之道，分寸拿捏才是重要。

幽默可增進人際間的溝通，再分享二則小故事如下：

〈善於忍耐〉

英國首相威爾遜在一次演講中，剛進行到一半時，台下突然有個搗蛋份子，高聲打斷了他的演講，說道：「狗屎！垃圾！」威爾遜雖

然受到干擾，但他情急生智，不慌不忙的說：「這位先生，請稍安勿躁，我馬上就要講到你提出的關於環保的問題了。」全場不禁為他的機智反應鼓掌喝采（佚名，2015）。

〈幽默是一種生活態度〉

　　世界宗教大師達賴喇嘛訪台時，輕鬆自在，幽默風趣。有位記者訪問他：「佛教有過午不食的說法嗎？」

　　達賴喇嘛說：「是啊！」

　　記者又問：「那肚子餓了，怎麼辦呢？」

　　達賴喇嘛說：「就到廚房去偷吃囉！」

　　擁有赤子之心，才是生活中的幽默大師（資料來源http://web.ydu.edu.tw/~edward/treasury/choice/800-new/856.htm）。

六、Habermas的現代性哲學論辯與溝通

　　Jurgen Habermas係西元1912年6月18日生於德國，是「法蘭克福學派」第二代中最具影響力的代表人物。他一方面進行批判傳統，而另一方面他也力求超越古典的批判理論。Habermas繼承啟蒙運動的精神，即在預設人是理性的前提下，他更肯定了人是具有溝通能力的個體。人不只是人，更是具有理性的人，這樣的理性的人，不但要對外在世界進行經驗分析與詮釋理解，更應對外在的世界進行反省；不是隨波逐流，而是能夠堅定住主體的自我反省能力的人（李英明，1986；Habermas，1992），藉以重建整體性的「生活世界」，確保民主社會的理性成果，繼續推動啟蒙現代性的進步計畫。

　　Habermas的現代性哲學論辯主要論述是：

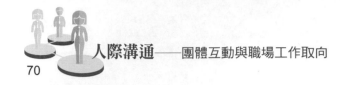

(一)釐清被扭曲的意識型態

Habermas認為，有一套標準，透過行動溝通的力量來釐清被扭曲的意識型態，希冀以「溝通理性」來打通生活世界被工具理性、科技理性割裂的狀況，尋求一種普遍的共識，使社會能重新協調而消除危機（楊洲松，1998）。

(二)「瞭解」的重要性

Habermas將理解視為人之所以為人的重要特質，溝通行動之所以可能，則是要透過語言作為中介，將說話者隱藏的意義做一個假設性的重建，使其成為明顯可見的制度規則，進而形成一種共識（Habermas，1979；高宣揚，1991）。

(三)探討什麼是溝通的能力

Habermas認為人類在進行溝通時，不僅要具備語言能力，更應該具有建立互為主體性溝通關係的能力；真正的溝通能力，必須包含下列四個條件（曾慶豹，1998；楊洲松，1998）：

◆文法語言（language）的溝通能力

即要能正確地使用文法與文字的規則，這也是最基本的溝通能力。

◆語用（speech）的溝通能力

即說出的句子不僅要能合乎語法的規則，更要能使用得恰當，亦即在說話時能說出符合當時的情境的語句。

◆有效的聲稱（validity claims）

　　Habermas認為，一個成功的言詞行動，不僅是能說出合乎文法及語用的句子，更重要的是當事者雙方都能進入彼此認同的人際關係中。

　　Habermas認為當人的言詞行動一發動，企圖與別人進行成功的溝通時，必須要設法滿足言詞的意義可以理解的、命題內容是真實的、言詞內容是正當得體的、說話者的意向是真誠的四項有效聲稱（黃瑞祺，2001）。以上的四種條件是可以存在於每一個人的身上的，而且是可以在實際生活中進行的，達到了這四種要求才是具備了良好的溝通能力（李英明，1986）。

◆理想的溝通情境

　　Habermas認為在進行溝通的行動時，常常會因為雙方的不同背景，而有不同的共識，當不同的共識形成衝突時，往往會導致溝通行動的中斷；因此，若想使溝通行動繼續，必須在預設理性共識是可以達到的前提下，溝通雙方進行「反覆性辯論」，這種反覆性辯論必須置於「理想的溝通情境」中才有可能（李英明，1986；楊深坑，1997）。

七、Habermas「現代性哲學論辯」在溝通歷程上的啟示——真誠、信任、有效的溝通關係

　　溝通之行動，是透過語言為媒介，將說話者隱藏的意義透過假設性的重建，形成一種共識。在溝通主題有所交集，才能達成有效溝通的結果。探討人際溝通歷程中，人與人間溝通的成功，最主要目的是取決於雙方對溝通的態度，而不完全在於雙方或一方的溝通技巧。因此，在溝通上，首先必須重視的是「溝通」的目的，目的明確，而不是與目的無

關的情緒發洩的表現。

　　傳統的人際關係中，常在單向模式中進行；而現在則建立在一種雙向與夥伴的新關係上，講求如何增進彼此間的溝通，加強雙方的情誼是現代人際溝通中的重要任務。

　　人際間在面對問題的意見或觀點不同時，彼此的溝通往往會演變成不太容易收拾的場面，氣氛通常是不太和諧的。其實，人際溝通就是一種挑戰和協調，期待在溝通的歷程中，能帶來和諧的結果，可以帶給彼此心靈的溫馨、和諧、信任、滿足與幸福。因此，溝通的歷程是相當繁複而具有變化的，並沒有放諸四海皆準的溝通策略，處理過程需發揮高度智慧，可確信的是處在一種彼此和諧、相互信任、雙向雙贏的溝通關係中，才能真正有效促進人際間的共處。因此，重要的是以真誠的心面對問題，共謀解決之道，應可獲得彼此的支持與配合。

當面對問題的意見或觀點不同時，溝通往往會演變成不易收拾的場面

學 習 活 動 與 意 見 交 流

人際EQ心理學

想想看

※在日常生活中，有哪些情境因素會影響到你的溝通？

參與者每個人都有其不同的溝通方式以及理解方式，所以在溝通時要注意對方的溝通方式與理解方式，以免造成誤會。

想想看

※想一想自己的溝通方式，以及理解模式，在過去是否有過誤解的經驗呢？

訊息、溝通是經由訊息的傳遞與接收所致，訊息層面包含了：

1.意義與符號：你想要表達的是什麼？用什麼符號表達？

　例如：用狂笑表達出自己現在快樂的心情。

2.編碼與譯碼：將訊息接受後加以詮釋。

　例如：看見對方在大笑，將對方的行為訊息接受，然後詮釋為：「他瘋了」或者「他很高興」。

3.組織：當訊息很多時，在表達時需要分段表達，而在接收時則要加以組織。

延伸學習與人際語粹

　　小劉是某大學院校三年級男學生，從小性格內向，不善言詞，甚至是笨嘴拙舌。家中有一弟弟卻非常外向靈活，特別擅長言語說話，他很羨慕弟弟。自己平時幾乎不開口說話，怕自己說錯話得罪人，甚至有時候別人問他話，也經常不回答。在大學期間朋友特別少，只跟自己同宿舍的兩個同學接觸較多，大三了自己班上還有幾個同學不認識，與女生更是沒有接觸。他的內心感到非常孤獨、苦悶，覺得自己就像是行屍走肉，不知道自己活著有什麼意義。

　　小劉由於性格非常內向，認為自己不善言談，所以拒絕了與人交流和接觸的機會，甚至有人主動與他交談時，他都閉口不言。這樣的

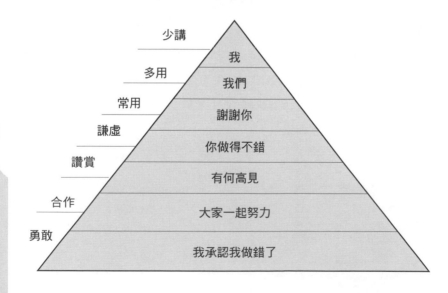

改善溝通效果的秘訣

言行舉止嚴重影響了他的社會交往功能，阻斷了他與外界的交流和溝通，所以他的內心非常孤獨，失去生活的價值感和意義感。

*   *   *

溝通能力之學習，將能改善個案與他人和諧相處。口語溝通的意義和分析，始於考慮意義的概念，第二個主題是訊息編碼，對於社會化和自我中心語言的研究更清楚，即訊息傳播者對接受者的感覺和期待影響其正確溝通的能力。語言源自抽象、推論、委婉語與含糊語的意思。而後設溝通是潛在地改善人際關係的方法。

增強溝通能力可以讓人際關係更加和諧

電話禮節介紹

使用電話禮貌用詞，並注意以下事項：

1. 電話鈴約響三下，就應接聽，不使對方久候，並且長話短說。

2. 拿起電話後，應表明本公司或機構的名稱。

3. 講電話時聲音與語氣要平和有禮，不宜粗聲粗氣。

4. 電話旁應放置筆、記事本以便隨時記錄。

5. 電話談話要簡明扼要，避免交談過久、占用線路。

6. 插撥電話應遵先後順序，代轉訊息應確實傳達。

7. 接獲留言應立即回電，掌握時效性。

8. 結束電話時，要說聲「謝謝」等禮貌性的話語。

9. 等對方掛斷電話後，再放下話筒。

電話禮儀5個B

1. Be Friendly（友善）

2. Be Polite（有禮貌）

3. Be Professional（專業）

4. Be Cautious（細心）

5. Be Responsive（應答）

電話禮儀3個T

1. Tact（機伶）

2. Timing（時機）

3. Tolerance（同理心）

非語言溝通的特質——
增進對非語言溝通的瞭解

一、非語言溝通的意涵
二、非語言溝通的功能
三、非語言溝通的特性
四、非語言的行為之手勢

非語言溝通（nonverbal communication）是相對於語言溝通而言的，是指透過身體動作、體態、語氣語調、空間距離等方式交流訊息、進行溝通的過程。Henley（1977）認為「非語言溝通」是社會心理學中的概念，指人在傳達訊息時，使用語言、文字以外的媒介，例如臉部表情、肢體語言或音調等，運用非語文的方式傳遞訊息，輔助說明語文的意旨。

一、非語言溝通的意涵

非語文表達，有助我們理解對方的情緒、態度、個人特質，甚至是內心真正的意圖（Argyle, 1975）。人類交際主要分為語言交際和非語言交際。其中語言交際是人類在交際行為中最有效的方式，人們對它的研究及重視由來已久。然而在實際日常生活中，65%面對面的資訊交流是透過非語言方式來傳遞的（賈芳，2008）。人際溝通的社會意義大部分是由非語言溝通訊息所傳達的，而非語言溝通也是較模糊性而具有文化差異。茲將非語言溝通的意涵與特質，說明如下：

(一)模糊性的意義

非語言溝通與語言溝通相較而言是較模糊的。

1.非語言溝通所傳達的訊息，可能較語言溝通模糊不清。
2.因為個人的身體語言可能是有意傳達某些訊息，也可能是無意識的動作；相同的行為，也有不同的詮釋。

(二)持續性的溝通訊息

非語言溝通是連續不斷的。

1. 人們的非語言行為是連續不斷，隨時隨地都在進行的。
2. 即使人們停止了說話，我們的眼神、臉部表情或肢體動作，仍不斷地透露一些訊息。

(三)多重傳遞管道

非語言溝通是多重管道（multiple channels）同時進行的。

1. 非語言溝通是多重管道，溝通中線索可能是察覺到或感受到等。
2. 成套的訊息（a package of messages）一起出現的，即同時發生。

(四)表現更多情感與行為狀態

溝通中臉部感情的表達，可以幫助我們預測到後續行為，還有回應感情的人們的行為。無意識的行為亦透露訊息。當他人的語言訊息與非語言訊息不一致時，人們比較相信非語言管道所傳遞的訊息，因為人們認為語言訊息是較容易控制、作假的，而非語言訊息較難完全掌握，常常會表露心中真正的想法。

例如：與自己不喜歡的人站在一起時，保持的距離比與自己喜歡的人要遠些。而說謊的人會努力控制臉部表情，使人們受到蒙蔽，而導致判斷錯誤。若要避免落入陷阱，從對方的語氣和肢體動作來解讀不失為一個較有效的方法，因為這兩項媒介比較難以控制（DePaulo, 1992）。

(五)文化差異性大

非語言溝通與語言溝通，也有一些相似之處。皆反應文化，主要受文化、想法、價值、習俗、歷史等影響。通常它們有一些成文或不成文的規定，規範何種情境下，表現的行為，會因文化不同而有不同的看法與涵義。例如：豎大拇指手勢。戰鬥機飛行員與基地表達「可以出發」，後來被引申為「做得好」；背包客搭便車（Hitchhiking）、臉書「按讚」，表示贊同、鼓勵、肯定；有時只代表「已閱讀」。南美洲國家、西非、希臘、俄國、薩丁尼亞和義大利南部，相當於比中指，跟罵髒話一樣。在中東國家，代表你能想到最過分的辱罵；在泰國表示譴責、辱罵；對德國人或日本人，僅代表「數字1」而已（游梓翔、溫偉群、劉文英譯，2012）。

二、非語言溝通的功能

語言與非語言溝通是相互關聯（interrelated），而不是各自獨立的（independent），一般來說，非語言觀察的角度為：重複、加強、補充、規範、矛盾或取代語言溝通的功能（陳晈眉，2011）。

1.重複（repeating）：非語言的行為能夠重複語言的訊息。
2.加強（accenting）：非語言的行為除了可以重複語言的訊息之外，也能夠加強口語的資訊。
3.補充（complementing）：在溝通過程中，雙方可能沒有談到彼此的關係，但是旁觀者可以由他們的行為舉止，判斷彼此互動雙方的關係。
4.規範（regulating）：非語言行為可以規範語言的溝通。

5.矛盾（contradicting）：非語言溝通雖然能夠重複、加強、補充或規範語言的溝通，但有時也可能與語言訊息產生矛盾或不相同，也就是所謂的「言行不一致」。不過如同前述，當他人「言行不一」時，我們通常會相信行為動作所傳遞的訊息，而較不重視口語的訊息。

6.取代（substituting）：非語言溝通可以進一步取代語言溝通，也就是說，互動的雙方往往並不需要藉由言語，只要透過一些肢體動作即可將訊息傳送給對方。

三、非語言溝通的特性

瞭解非語言溝通的特性，可增進對非語言溝通的瞭解。非語言溝通是伴隨語言訊息的肢體動作和聲音特性出現。在人際溝通上，語言並非絕對且唯一的溝通管道，除了開口說話之外，亦可經由說話者的語氣、肢體語言，甚至是服飾、道具、時間觀念、距離等來傳達心中的涵義。

根據美國Adler和Rodman（2009）兩位專家的研究，非語言溝通有以下幾項特性：

1.人縱使不說話，非語言溝通仍然存在。

2.人不斷地釋放訊息給周圍的人們，不做非語言溝通是不可能的。

3.非語言溝通是模糊曖昧的，任何動作可能有許多不同的涵義。

4.非語言溝通有文化性。文化背景不同的人，對行為的解釋也不相同。

綜合而論，非語言溝通的特徵是有意或是無意的、模糊不清的、根本的、連續性的和多重管道的。

非語言溝通的種類，舉凡舉止動態、手勢與姿勢、臉部表情、並行語言、音調及速度、人際距離、自我展現、外貌服飾皆是。

四、非語言的行為之手勢

研究統計，每人平均一天說兩次的謊，說謊必然會發生於我們生活中，當知道說謊頻率時，偵測說謊是重要的。我們能從一個人的「手勢」看出一些線索端倪。

(一)手勢檢測分類

手勢檢測有七種：

1.Self-adaptor gestures（自我適配型手勢）。

2.Emblems gestures（象徵型手勢）。

3.Metaphoric gestures（隱喻型手勢）：此手勢暗示抽象的思維。

4.Iconic gestures（標誌型手勢）：此手勢可再製或重新製造事件的發生。

5.Rhythmic gestures（節奏式手勢）：此手勢保持說話速度的快慢。

6.Cohensive gestures（整合型手勢）：此手勢標記敘述事件的組織結構。

7.Deictic gestures（指示語手勢）：此手勢表達某一觀點。

我們在人際關係過程之中，可從這些手勢辨識出說謊者在說謊時隱瞞事實的行為舉止（Sarah Trenholm & Arthur Jensen, 2008）。

(二)解讀身體語言

姿勢通常能協助溝通，有些動作表達緊張或恐懼的舉止，有些則和情感有關。有些臉部和肢體或姿勢在各種文化之間，基本上有相同形

式，但卻有不同的解讀和意義。不同意義或詮釋往往是因為不瞭解跨文化的意義所致。

　　身體語言往往誠實地反應內心第一手資訊，解讀身體語言，將有助於看出對方的想法、態度、動機及情緒，於觀察中瞭解對方無意間透露之訊息，有助於人際間的溝通與理解。

◆肢體語言舉例

1. 點頭與搖頭，代表肯定與否定；但保加利亞、敘利亞例外，或有應和之意。
2. 頻頻交換架腿姿勢動作、交叉腳踝、翹二郎腿、雙手交握等防衛性姿勢，代表情緒不穩定、緊張或急躁的表現；交疊雙臂抱胸，是防衛姿勢表現；雙手擺向左右露出胸腹，雙掌張開，代表坦然，不隱

肢體語言的奧秘
圖片來源：葉苡欣提供。

諱、沒有防衛；握拳抱胸傳遞消極防衛訊息；握拳時拇指收起來，
此人個性趨於內向。

3.小幅度的搖動腿部或抖動腿部，代表傳達不安、緊張、急躁的情
緒。

4.搖動足部，或用腳拍打地板，表示急躁、不安和不耐煩。

5.撫鬚、摸下巴是催生新點子的肢體表現。

6.挺直背脊的人，代表性格正直，充滿自信；另一方面，思想可能比
較刻板，欠缺彈性。腰愈挺直、坐時離開椅背，覺醒度愈高。

7.同性親友之間互相拍背，往往表示有同感，有共鳴，或是有鼓勵、
催促和慰惠之意。

8.歪著腦袋代表我正在傾聽。頻頻看窗外、兩眼平視、不眨一下眼，
均是心不在焉的肢體訊號（黃愛靜，1995）。

9.皺眉表示不愉快；挑眉表示不以為然。

10.歪頭表示疑惑、困惑。

11.聳肩表示不在意。

◆面部表情舉例

　　臉部是多重訊息之系統，臉可視為談話的調節器，人際互動中臉部
表情通常是複雜的，臉部表情會不自覺的表達正在感受的情緒與情感。
臉部表情豐富的人，比不富於表情的人，自動神經系統的活動比較少
（陳彥豪譯，1999），這部分也顯示出健康之涵義。

1.面紅耳赤、面部扭曲、不正常出汗及不停地推放眼鏡，表示害羞、
生氣或內心緊張不安。

2.說謊時，常不自覺流露輕撫嘴唇、鼻子，眼睛不敢直視對方。

3.笑臉迎人表示愉悅、友善；皮笑肉不笑表示敷衍、不在意。

人際互動中，笑臉迎人表示愉悅、友善

 學習活動與意見交流

小故事──鮑伯‧胡佛的寬恕

　　鮑伯‧胡佛是美國著名的戰鬥機試飛駕駛員，時常表演空中特技。有一次他從聖地牙哥表演完後，準備飛回洛杉磯，回程時，在三百呎高空突然有兩個引擎同時故障。幸虧他反應靈敏，控制得當，飛機才得以降落。雖然無人傷亡，飛機卻已面目全非。

　　胡佛在緊急降落後，發現那架第二次世界大戰的螺旋槳飛機，裝的竟是噴射機用油，可以想像出胡佛的憤怒。年輕的機械工人為自己犯下的錯誤感到痛苦不堪，一見到胡佛，眼淚便奪眶而出。

　　然而此刻，胡佛並未像眾人預料般大發雷霆，痛斥一番。他不但沒有責備那個機械工人，而是伸出手臂，圍住工人的肩膀說道：「為了證明你不會再犯錯，我要你明天幫我的F-51飛機再做修護工作。」（取自鮑伯‧胡佛／全民媒體）

延伸學習與人際語粹

真誠讚賞與感謝

美國1920年代，查理·夏布是全美少數年收入超過百萬的商人。1912年時，安德魯·卡內基獨具慧眼，任用夏布為新成立的「美國鋼鐵公司」第一任總裁時，夏布才三十八歲。

為何安德魯·卡內基每年要花一百萬聘請夏布先生？難道夏布先生是個了不起的天才？還是夏布先生對鋼鐵生產比別人懂得多？都不是。夏布先生說，為他工作的許多人，他們對鋼鐵製造其實都懂得比他多。

夏布之所以獲得高薪，主要是因為：能夠處理人事、管理人事。夏布說：「我想，我天生具有引發人們熱忱的能力。促使人將自身能力發揮至極限的最好辦法，就是讚賞和鼓勵。相信獎勵是使人工作的原動力。」夏布又說：「生活中，我廣泛接觸過世界各地不同層面的人，我發現，無論如何偉大或尊貴的人，他們和平常人一樣，在受到肯定的情況之下，更能奮發工作，效果也更好。」

夏布成功的秘訣為——學習儘量去瞭解別人，儘量設身處地為對方設想，並能心生同情、忍耐和仁慈。

「瞭解就是寬恕。」就如約翰生博士所說的：「上帝本身也不願論斷人，直到末日審判的來臨。」

資料來源：摘錄自周成功（2014）。《打動人心的說話術》。博學出版社。

思想與情感的溝通——人際關係的理論、關係的特質

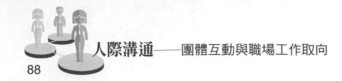
人際關係包含思想與情感的溝通，它是指社會人群中情緒知覺的商數。

一、思想與情感的溝通

人因交往而構成的相互依存和相互聯繫的社會關係，又稱為社交與人緣，屬於社會學的範疇，也被稱為「人際交往」互動網，包括友情關係、愛情關係、同儕關係、師生關係、職場關係等，如果能建立良好思想與情感的溝通，處理好生活周遭的人與事，與他人能交融愉快，擁有良好互動的人際網，應可建立良好的人際關係、愛情關係、戰友關係、同事及領導與被領導關係等，有助於立足於當今社會、獲得事業的成功。

社交與人緣

(一)情緒智商

西元1995年，高曼（Daniel Goleman）於《情緒智商》（*Emotional Intelligence*）書中探討情緒商數，認為情緒商數在組織領導中扮演重要角色。情緒能力，能認知我們的情緒，包括多元情緒經驗，瞭解與他人表達情感之影響，在表達情緒時，敏感注意文化規準。高曼表示情緒智商（Emotional Intelligence Quotients, EQs）高者，較低者更易於創造滿意的人際關係，有效的和他人工作（Julia T. Wood, 2006）。

反之，如果EQ太低，不僅容易出現失敗、痛苦、病態，甚至導致破壞人際關係，嚴重者引發犯罪問題。EQ太低的表現，例如：(1)脾氣暴躁；(2)情感用事；(3)缺乏同理心；(4)情緒壓抑；(5)杞人憂天等（王淑俐，2000）。

常見的情緒管理方法

　1.轉移注意力。

　2.找人傾訴。

　3.覺察自己真實的情緒。

　4.瞭解自己常用來應急的防衛方式。

　5.以更大的彈性適應環境。

　6.增加自身的挫折容忍力。

　7.改變固著的想法可以改變心情。

　8.讓正反面情緒都有安全適當的出口。

　9.尋求專家的協助。

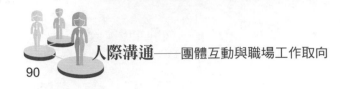

(二)建立良好人際關係的關鍵做法

因此，運用思想與情感的溝通，學會在生活中的大多數方面保持靈活變通，避免爭端，建立良好的人際關係，極為關鍵的做法，要點如下：

1. 保持友好關係，靈活運用溝通技巧：凡事保持彈性與靈活性，不過分拘泥與執著。

2. 注意身體語言，傳達自然和諧氛圍：如果緊張不安，相處的人也有同樣的反應。

3. 保持溫暖聲音，營造開放愉悅環境：如果你希望人們對你做出熱烈的反應，你就要讓自己的聲音聽起來是溫暖愉快的。無論對方能否看到你的表情，他們都會做出相對應的反應。

4. 恰當表達信念，細心傾聽相互交談：要恰當地表達信念，要學會溫和地對待人們，不要粗魯無禮，令人厭煩。要想影響人們，就要細心地對待他人，彼此尊重，更能贏得相對的尊重。真誠地聆聽人們講話，真誠地問問題，注視對方的眼睛，傾聽他們的心聲，讓對方感受對他的關心。

5. 真誠可靠可信，做好溝通準備：做好準備是建立良好人際關係的第一步，更能表達你的真誠與關心。如果以誠待人，真誠地關心人們的境遇，對方就會感覺到真誠。因此，我們必須做到誠實可靠，值得信任。真誠能為你贏得良好的人際關係。通常找到對方的優點，作為切入點，這樣彼此容易產生共鳴。

6. 找到靠岸點，搭建溝通橋梁：明智的人特別注意搭建人與人溝通的橋梁，無論它們當時看起來是多麼微不足道。因而，關係建立在平日日積月累的相處中。

7. 富有同理心，堅定自己立場：同理的意思是想他人所想，把自己放

在對方的位置上，分享感同他人的感受。關心他人，不能讓對方控制你的生活，堅定自己立場，以積極的態度，面對問題，達到良好溝通成效。

8.緩解衝突，專注思考解決問題：人際關係出現了問題，目標就是解決問題，而不是贏得戰爭。重視每個人的自尊，考量自己實現什麼目的，換句話說，即我必須做出什麼改變才能讓事情進展得更好。其次，嘗試瞭解對方想法，最後，努力讓雙方的基本需求都得到滿足的溝通，是人際關係中最重要的一部分，它是人與人之間傳遞情感、態度、事實、信念和想法的過程，所以良好的溝通，指的就是一種雙向的溝通過程，用心去聽聽對方在說什麼？去瞭解對方在想什麼？對方有什麼感受？至於人與人之間的衝突，往往是生活中不可避免的一部分，重要的是千萬不要樹立不必要的敵人，採用簡單的技巧迅速化解人際間的衝突。

二、人際關係相關理論

人際關係理論，為一種管理學、社會學理論。理論在創造條件將人際間之社會關係（如小組互動、非正式關係與企業機構等）發揮功效，以提升成員的滿意度，進而提高工作業績。將主要人際關係理論，分述於下：

(一)人際需求理論

人際關係和溝通理論說明人的基本需求，美國人本主義心理學家Maslow提出人類的基本需求層次理論中的歸屬需求（belongingness

歸屬需求是指個人需要有人陪伴、關心、交往
圖片來源：葉苡欣提供。

needs）。歸屬需求是指個人需要有人陪伴、關心、交往，例如：個人希
望與同事建立友好關係，到一定年齡組成家庭，家庭成員相親相愛，個
人還希望自己有所歸屬，成為某些群體的成員。這種需求如不能滿足，
個體就會感到異常孤獨和寂寞。這種需求又稱社會交往需求，即為人際
關係層面的，由此可見人際關係和溝通，可以滿足人類的基本需求。學
者Schutz提出的人際需求論（The Theory of Interpersonal Neeeds）及John
W. Thibaut和Harold H. Kelley交換論（Exchange Theory）。詮釋了個人在
人際關係方面的需求，以及因需求差異表現出的人際行為。

　　關係之開始、建立或維持，全賴雙方所符合的需求程度。William
Schutz指出，一般人需要的人際需求包括：(1)情感需求（affection
need）：可分為缺乏人際關係、過度人際關係、適度人際關係三種；(2)

歸屬需求（inclusive need）：可分為缺乏社交、過度社交、適度社交；
(3)控制需求（control need）：可分為逃避型、民主型、獨裁型三種（蔡
銘津，2013）。

◆情感需求

個人有付出情感與獲得情感的期望，並且運用語言和非語言的方式
表達情感，和他人建立關係並維持情感需求。

1.缺乏人際關係（underpersonal）：避免親密關係，態度冷漠。表面
上很友好，卻與人保持一定的情緒距離。

2.過度人際關係（overpersonal）：希望與他人有密切的情緒聯繫並
試圖建立這種關係，態度積極熱情地想與每個人建立親密關係。但
情感也不易專注，較不易獲得交心的情感。

3.適度人際關係（personal）：關係密切與否都能恰當地看待自己。
依據情況與他人保持一定距離，也可與他人建立親密的關係。

◆歸屬需求

個人能被他人認同接納，在群體情境中產生歸屬的需求，想要與他
人建立並維持一種滿意的相互關係的需要。

1.缺乏社交（undersocial）：這樣的人生活較為封閉，通常選擇獨
處，內傾、退縮、避免與他人建立關係，或與其他人保持一定距
離。

2.過度社交（oversocial）：生活中常需要同伴，無法忍受孤獨，經
常向外與他人進行接觸、吸引他人注意。

3.適度社交（social）：隨著情境的變化而決定自己是否參與群體，
可以一人獨處，也可以參與活動以滿足歸屬的需求。

◆控制需求

個人希望能成功地影響周遭人事的慾望，在權力問題上與他人建立並維持滿意關係的需要。

1.逃避型（waiver）：傾向於謙遜、服從，在與他人交往時拒絕權力和責任。
2.獨裁型（autocrat）：好支配、控制他人，喜歡最高的權力地位。
3.民主型（democrat）：根據情況適當地確定自己的地位和權力範圍，能順從上級，亦能自己掌權。

(二)社會交換理論

社會學家Homans（1950, 1974）認為人際互動過程中，社會行為是一種商品交換；個人所付出的行為為了獲得報酬和逃避懲罰，傾向降低付出的代價和提高回收利益的方式去行動。

Thibaut與Kelly（1959）提出交換理論，他們認為關係可藉由互動所獲得的報酬（reward）和代價（cost）的互換來加以瞭解。人際關係的建立與維繫，建立在這種收穫大於付出的關係上。報酬是接收訊息者所重視的部分，常見的報酬有好的感覺、聲譽、經濟收益和感情需求的滿足。代價是接收訊息者不想遭受的損失，包括金錢、時間、精神、產生焦慮、失去尊嚴、沒有面子等（胡愈寧、葉肅科，2013）。人們尋求低投資高報酬結果的互動，當雙方都相信他們的報酬超過投資時，關係傾向持續。人們對代價與報酬的評估不一，其原因是他們對滿意度有不同的解釋。假如人們有許多高報酬率的關係時，他們將設定較高的滿意度水平，因此可能對低報酬的關係無法滿足。

投資報酬率決定了關係或互動的吸引力，但它並未指出關係或互動

會持續多久。雖然人們在代價高於報酬時，會終止關係或互動，但是環境有時候會令人繼續處於較為不滿意的關係中。

(三)戲劇論

爾文‧高夫曼（Erving Goffman, 1959）是美國當代社會學的大師。運用戲劇分析模式來解讀平日習以為常的互動秩序，Goffman研究個人製造印象，以及他人根據其印象所做出反應的過程。

◆印象管理

個人用適當語言或非語言行為，控制他人對於自己的印象形成過程，又稱印象整飾、自我表演，是一種社交技巧。

人際互動中，藉由修正自我的呈現，以獲得個人想要的回應。通常第一印象會影響對方對自己的反應。

◆互動場地

特別重視舞台表演的技巧與互動儀式的進行。Goffman將人際互動分為前台（frontstage）和後台（backtstage）：前台係公開領域，正式扮演社會角色；後台係私密領域，輕鬆扮演自我角色。

(四)形象互動論

Mead和Blumer認為個人對於他人的行為並非產生直覺反應，而是透過思考和詮釋，針對他人行為的意義，產生的相對應行為。形象互動論（Symbolic Interaction Theory），將社會視為動態實體，經由持續的溝通與互動過程而形成（胡愈寧、葉肅科，2013）。

其三種基本假設：

1.人對事物所採取的行動，是以這些事物對個人的意義為基礎。

2.這些事物的意義源自於個人與其同伴的互動，而不存在於這些事物本身。

3.當個體在應付其所遇到的事物時，會透過自己的解釋去運用和修改這些意義。

   (1)符號：語言、符號、文字、手勢、表情、動作和其他抽象符號。

   (2)詮釋：人們的互動是連續不斷的對話，包括人們對他人意圖之觀察、詮釋和反應。

   (3)個人運用想像力扮演他人的角色。

   (4)心靈、自我和社會。

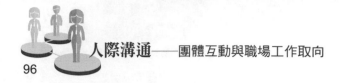 三、關係的特質

    人際關係的特質，試圖以倫理學面向探討，思考西方思想家的觀點論述，希臘哲人亞里斯多德相信倫理是內在的特質，而不表現於外顯行為。相對地，功利主義觀點則認為倫理最大的價值，係建立在行動的結果上。因而倫理隱含在人際關係之道德選項中，是影響日常生活人際間判斷事務與決定的主要部分。

    關係的特質，可由五個基本的面向探討：

1.情境：包含物理環境與社會心理情境。

2.時間：人際間互賴須經過時間的發展與培養，信任與承諾亦是如此，建立在經時間瞭解後的默契上。

3.資訊分享：人際關係中，資訊的分享可由資訊流通的寬度
（breadth）和深度（depth）說明。

4.信任：信任不只是親密關係的必要條件，也是人際關係的重要要
素，奠基於平日相處中。

5.情感與控制（affection & control）：情感是人際關係中喜怒哀樂愛
惡欲或恨等情緒的種種感受，控制則有兩個極端相反的原則，即是
支配和順服。

四、人際發展與溝通的歷程

(一)人際關係發展的歷程

◆關係的開始：人際吸引的基礎

吸引決定因素為接近度，古諺：「離了視線，就離了心」（Out of
sight, out of mind），人們往往被生理上距離近的人吸引。相似性的力
量，被當作人類的關係型態和溝通形式，而相似性因素涉及價值觀（武
文瑛譯，2003）。人們也會被那些看起來在行為上、思想上與態度表現
和自己相似的人所吸引。

◆關係穩定階段：關係的兩難

人際承諾階段，私密範圍，將自己交付對方，公眾性承諾上，正式
公告，成為公認的伴侶。

穩定關係建立後，仍要繼續維繫與營造，否則容易因人際疏離與人
際破裂，引發人際關係變質（黃培鈺，2011）。設法改善關係，維持良
好關係，方能穩定關係。

◆關係的解離

　　關係的變化，由相看兩厭，開始覺得不滿意，有時由親密轉變為關係惡化，關係惡化的第一階段往往是個人內在不滿，影響彼此感情變淡（drifting apart），如果內在不滿持續，便進入第二階段，即是人際惡化（洪英正、錢玉芬譯，2003），最終導致結束關係（ending）。

　　提升溝通技巧的相關策略有：(1)操縱策略（manipulative strategy）；(2)退縮逃避策略（withdrawal avoidance strategy）；(3)正向語調策略（positive tone strategy）；(4)開放面對策略（open confrontation strategy）。

(二)人際溝通的歷程

◆人際溝通的信念

　　探討相關之要素：

1.人本：以人（人性、人的本質）為本。
2.尊重：每一個人都是獨一無二的。
3.接納：賞識每個人的可能與努力。
4.愚笨：我們不會比當事人更瞭解自己。
5.傾聽：視、聽、嗅、味、觸覺等瞭解的開始。
6.同理：以當事人的眼睛看、耳朵聽。
7.曾子曰：「夫子之道，忠恕而已矣。」
8.真誠：抱持赤子之心，探索世界、人性。
9.一致：以誠待人（自己）。

人際溝通的技巧

1.積極聆聽：當一個好的傾聽者，仔細聆聽別人說話。

2.具同理心：站在當事人的角度和立場，客觀地理解當事人的內心感受，且把這種理解傳達給當事人的一種溝通交流方式。

3.善用讚美：適當的讚美能讓他人開心，而過度的讚美聽起來會顯得不真誠。

4.鼓勵發言：勇於表達內心想法，會讓他人更注意你。

5.正面表述：以正面的心態述說內心的想法與感受。

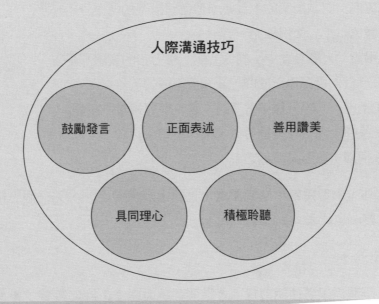

◆人際溝通的技巧

探討相關之要素：

1. 自我瞭解、自我肯定與自我悅納。
2. 接納：不喜歡自己，如何讓別人喜歡自己。
3. 差異：瞭解並接受個別差異。
4. 多元：一樣米養百樣人。
5. 經營：「關係」的經營有一定的歷程與投入。
6. 知能：學習人際互動的知識與能力。
7. 協商：認識衝突的本質與學習處理衝突的能力。
8. 謹慎：小心使用權力。
9. 弔詭：人際互動中「關係」與「權力」的辯證關係。
10. 珍愛：選擇你所愛的，愛你所選擇的。
11. 拒絕：人際關係中選擇的本質，學習適當的拒絕。
12. 抉擇：人情世事顧透透，家裡沒鍋也沒灶。
13. 抽離：敬鬼神而遠之。

此外，學習獨處、享受獨處，也是人際溝通之餘，另一個思維、面向與實踐。

◆個案分析

人際關係與溝通能力會因著早期經驗而產生不同的影響，舉實例分析個案如下：

生命線協談中有一名女性邊緣型人格疾患，個案童年五歲開始被原生家庭的大哥及二哥性侵，直到國一被母親發現才結束這場經歷，個案因而對人極度不信任，人際關係與溝通能力有障礙。好不容易逃離原

愛及歸屬
圖片來源：葉苡欣提供。

生家庭卻又陷入婚姻困境，個案為報復先生不能滿足她的性需求，以不斷的外遇來補償自己的空虛感，個案覺得只要有男人願意與她發生性關係就覺得開心，對外遇對象會頻頻打電話追蹤、害怕被離棄，也毫無節制的以卡債購物。

分析個案人際需求：在愛的部分是缺乏不滿足的、有不適宜的性行為及誘惑行為、人際關係不穩定。在歸屬上是缺乏社交能力、在社交情境中常感到不安全、不勝任。在控制上是屬於自我放棄、沒有朋友、看不到自我存在的價值及意義。

分析個案交換理論：本個案在情感方面缺乏安全感，易焦慮和無助，情感方面要求對方需做同等的回饋予她，經常自覺有外遇對象之情敵在與她競爭，因而自我陷入假想敵，為了不想失去對方，每天花所有的時間和精力追查對方行蹤。邊緣型人格疾患在人格特質上，其人際關係和自我情緒是處於不穩定狀態。以此案例自覺人際關係在需求上，過與不及都會損傷彼此良好關係的建立。

五、人際關係和社交

　　William Schutz指出一般人需要的人際需求，在愛及歸屬方面，必須有適度的人際關係和社交，以尊重、信任、幽默、傾聽、虛心發問、多微笑、樂於讚美，並善用溝通的6W：Why、Who、What、When、Where、How。當面臨困境時，自我在生理層面上做深呼吸。在認知層面上思考我到底在生氣什麼？真的需要這麼在意嗎？在行為層面上，暫停一下，少了衝動，回到理智面，面對問題仔細思考，即可化解人際關係與溝通危機問題的產生。

　　建立人際關係方法如下：

1.尊重每一個人：不論在什麼情況之下，不論面對哪一種人，都一定要尊重對方。在與對方互動的過程中，總是想到如何給對方最充分的尊重。

2.接納每一個人：不論在什麼情況之下，不論面對哪一種人，都一定要全然接納對方。不論對方是接納或排斥、甚至是鄙視你，你都要先去接納他。在與對方互動的過程中，總是想到如何給對方最大的安全感，讓對方感到被接納。

3.肯定每一個人：不論在什麼情況之下，不論面對哪一種人，都不可以否定或譏笑對方。不論對方是否肯定你，都不可以否定他，只能肯定他。在與對方互動的過程中，總是想到如何給對方最充分的支持與肯定。

4.欣賞每一個人：不論在什麼情況之下，不論面對哪一種人，都一定要欣賞對方。不論對方是否欣賞你，你都要先去欣賞對方，欣賞他的優點，欣賞他的特質。在與對方互動的過程中，總是想到如何表達對他的欣賞與讚美。

5.體會每一個人：注意相互間愉悅、關懷、在乎、認同、重視等。

 學習活動與意見交流

記憶與訊息處理閱讀心得

　　從訊息處理觀點來看，人類思考運作受到心理表徵的形成與應用認知處理的影響，而認知的內容就是心理表徵，認知的活動性就是訊息處理。

　　在五、六〇年代，聯結論和完形學派這兩派觀點形成新的認知觀點，稱為訊息處理觀點。嘗試用電腦的處理方式來說明心智的運作。Mayer（1987）認為訊息處理論分成古典和結構兩種觀點，一是認為知識是一種訊息的隱喻，另一則是認為知識是一種認知結構的隱喻。

　　古典訊息處理觀點有兩個限制，一是須考慮到將訊息視為客觀一致性的特性和應用演算的處理特性，因在實際生活的複雜世界中的學習是不同於實驗的簡單任務，所以對於非頓悟的問題採用逐步思考策略有助於學習如何將問題解決。

　　而訊息處理論的建構觀點亦須考慮到認知的社會文化脈絡的限制，以及認知的生物性和情感性基礎的限制，因為學習者周遭文化社會環境是學習者的認知改變的媒介，此外，也須考慮學習者的動機和情緒狀態亦會影響認知的改變。

　　影響學習的因素還包含學習者的動機、情緒、生物及社會、文化脈絡等因素須加以考慮。

情感的聯繫

圖片來源：葉苡欣提供。

延伸學習與人際語粹

◎瞭解大腦解讀情緒

　　人的大腦由許多部分組成，每一部分有它特定之功能。

　　創造大腦活動的細胞神經元，只占大腦細胞總數的十分之一，神經元之功能用以傳送電流，神經元和分子之間發生的活動，建構了我們的心智生活，如能控制這些活動，可促進生理性的精神治療。

　　人類的大腦構造複雜，兩個腦半球不停地互動，左腦喜計算、溝通、構思、設計複雜的計畫並執行。右腦好比夢想家，與感覺知覺較有關，抽象的認知則較少。通常右腦比左腦情緒化。大腦的結構一般而言，中間部分是個形狀奇特的模組，為大腦的發電廠，負責產生食慾、動機、慾望、情緒和心情，並促使我們所有行為。

　　心理治療在某些時候具有效果，但有時也可能無效，可以以意識來處理它。最有效的心理治療法是認知治療法，主要透過陳述，思考情緒的方法來控制情緒。

　　額葉負責情緒傳達到意識的地方，而邊緣系統在無意識的皮質下，掌管情緒。情緒刺激在杏仁核註冊。而意識情緒的產生有直接和間接兩種方式，直接途徑是從杏仁核送往皮質，間接途徑則經過下視丘，它會送荷爾蒙訊息到身體去產生生理的改變又回饋到身體感覺皮質，再將訊息送到額葉，額葉即將這些生理上的改變稱之為「情緒」（以上摘錄自《大腦的秘密檔案》，Rita Carter著，洪蘭譯，遠流，2011）。

　　1.情緒管理是一門學問，也是一種藝術，要掌控得恰當好處，存乎一心。因此要成為情緒的主人，必先覺察自我的情緒，並能

覺察他人的情緒，進而能自我管理情緒。

2. 愛默生說：「我們注重自己的健康，我們儲存金錢，我們住屋舒適，衣著充足，但誰有那份聰明去想到儲蓄最可貴的資產——人際關係？」

◎情緒與個人健康

1. 最常見的影響如腸胃功能，導致消化不良，影響泌尿系統，出現腹瀉、便秘。

2. 負面的情緒也可能影響心臟血管，產生心跳加快，血壓升高，或是影響神經系統，如神經衰弱等，可見情緒狀態足以影響個人健康。更嚴重的會形成憂鬱、倦怠、心理失調。

在學習管理自己的情緒之前，首先得覺察是哪一種情緒在影響我們的生活。覺察是一種生活的體驗和真實的感受，是身為人的尊嚴，並不需要刻意掩飾自己的情緒感受。

記住這項原則：在管理個人情緒的同時，要確認引發個人情緒的問題是什麼。必須正視它，不能逃避或找藉口掩飾，因為負向的情緒常常是問題的累積。

快樂與不快樂的比較

區別	快樂者	不快樂者
心胸	輕鬆自在，愉悅坦蕩	怨天尤人，自尋煩惱
心地	心地善良，開朗喜悅	不夠開朗、無法快樂
態度	穩重沉著，自制力佳	浮躁怨恨、自省力弱
處事	積極、樂觀、進取	消極、悲觀、畏縮
觀點	面對問題，正視人生	推諉問題，逃避人生

健康的心理狀態

1.安全的自我感與平等對待他人。

2.穩定的主體與客體的分化。

3.具有建立親密關係及獨處的能力。

4.調適良好的情緒生活。

5.擁有安全感及高自尊。

世界衛生組織對健康的定義細則

1.有足夠充沛的精力，能從容不迫地應付日常生活和工作的壓力而不感到過分緊張。

2.處事樂觀，態度積極，樂於承擔責任，事無鉅細不挑剔。

3.善於休息，睡眠良好。

4.應變能力強，能適應外界環境的各種變化。

5.能夠抵抗一般性感冒和傳染病。

6.體重得當，身材均衡，站立時，頭肩、臂膀位置協調。

7.眼睛明亮，反應敏銳，眼瞼不易發炎。

8.牙齒清潔，無空洞無痛感，齒齦顏色正常無出血現象。

9.頭髮有光澤、無頭屑。

10.肌肉、皮膚有彈性。

傾聽的技巧——注意、瞭解、記憶、評估

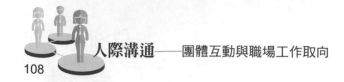

一、傾聽的定義

聽與傾聽係指注意與接收聲音的能力，意義為聽以及敏銳尋找聲音中的線索，觀察身體的動作與評估說話內容的前後關聯性。

傾聽包含訊息接收的技巧與發送訊息的技巧，分述如下：

(一)訊息接收技巧

專注、預備接受訊息、專心的聽、正確觀察肢體語言。進一步而言，關注之細節涵蓋：

1. 專注與接收訊息：選擇某刺激知覺歷程。
2. 心理上的接收：表現親和力、敏感性、意願。
3. 肢體上的訊息：觀察放鬆姿勢、角度、前傾、眼神接觸、適度臉部表情、點頭等訊息。
4. 口語上的鼓勵：包含開放性與封閉性方式。

(二)發送訊息技巧

溝通、驗證正確性。注意、理解、記憶、評估、反應的過程專心、參與的姿態、凝視的眼神、表達對談話內容的興趣，傾聽的功能能建立良好關係，透過蒐集資訊以協助表達。

傾聽的參考架構，可從我眼中的我、你眼中的我、我眼中的你、你眼中的你，不同角度與面向探討。

由圖8-1、圖8-2不同職業成人、中學生與大學生傾聽比較圖，可見傾聽的意義與重要性。人們的思考速度，遠快於他人說話的速度，因

此當別人說話時，我們的腦海中有許多「空閒的時間」可以做別的事，「聽」是我們生活中相當重要的部分，事實上，在視、聽、讀、寫四項主要的溝通行為當中，聽占了大部分的時間。

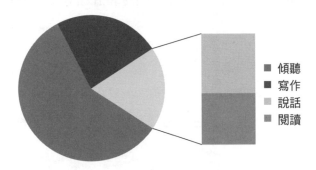

圖 8-1　傾聽示意圖

資料來源：龐麗琴（2014）。

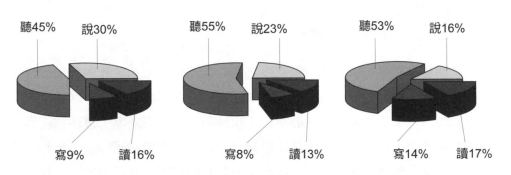

(A)研究對象：不同職業的
成人（Rakin, 1929）

(B)研究對象：中學生
（Werner, 1975）

(C)研究對象：大學生
（Barker等人，1980）

圖 8-2　不同職業成人、中學生與大學生傾聽比較圖

資料來源：陳皎眉（2011）。《人際關係與人際溝通》。台北市：雙葉。

二、傾聽的技巧

傾聽（listening）是溝通最常用的型態之一，也是人與人互動很重要的一環，應不斷地學習。傾聽的技巧有四個階段：(1)注意（attention）；(2)瞭解（comprehension）；(3)記憶（memorization）；(4)評估（critical evaluating）。說明如下：

(一)注意

從多重刺激中，集中注意力選擇某種刺激知覺的歷程。注意力集中的技巧如下：

1.生理因素。
2.心理準備度。
3.聽與說間的轉換。
4.聽完再反應。
5.配合情境目的的傾聽。

傾聽之正確坐姿需要傾斜45度，專心的注視對方，聆聽對方想和你表達什麼，儘管不受干擾。並且要注意對方的生理因素、心理準備度，讓對方自己真正想開口說，而不是不斷地去要求對方表達，這樣往往容易激起情緒，也許是悲傷或是快樂等，有時是我們無法預知的。聽和說之間需順利轉換，注意聽完再反應，因為有時候對方話還沒說完，我們並不能真正的瞭解他的需求是什麼，有時可能會斷章取義，誤導錯誤的方向，而無法真正理解對方真正的想法。從說者轉換到聽者，需要經常注意持續地練習傾聽技巧。

傾聽是溝通最常用的型態之一

(二)瞭解

　　積極傾聽，對訊息賦予正確意義的解碼能力，積極傾聽的瞭解技巧如下：

　　1.用心確認訊息的組織。
　　2.注意非語言線索。
　　3.詢問必要訊息及提出問題。
　　4.簡述語意。

　　對訊息賦予正確意義的解碼能力，譬如用心確認訊息組織，也就是思考並整理對方的訊息，以便瞭解訊息、注意非語言線索，表情、手勢、語調等，都是能夠幫助我們瞭解對方的當下心情狀態。詢問，即從對方的話中去提出問題，要注意的是由簡單問到困難，一步步地問到自

己想知道的處境，並簡述語意，注重瞭解問題的正確性，尤其注意溝通時並不需要使用艱澀的用詞，因為有些人可能會因不懂而無法瞭解，其實溝通只要很簡單的詞語，就是最平易近人的。訊息中含有情緒色彩時，必須同時注意語言與非語言線索，將所瞭解的訊息用自己的話重新簡述，練習簡述語意技巧，增進瞭解和反應能力。

(三)記憶

訊息保留；增進記憶的技巧如下：

1.重複：將訊息從短期記憶（short-term memory）進入長期記憶（long-term memory）。
2.建構口訣：將訊息轉換濃縮為精簡有意義的形式。
3.作筆記：主動傾聽和解碼組織。

訊息保留可由增進記憶的技巧開始，在腦海中複誦、回想。建構口訣，將訊息轉換濃縮為精簡有意義的形式，把自己認為有意思的話語記錄下來，主動傾聽。譬如：記憶其實像是把自己所喜歡的話記錄下來，並且在需要和符合的話題中提取一些內容與對方分享，讓彼此都有收穫。自己在記錄時就是一種收穫，當與他人分享時，即是更大的收穫與感受。

(四)評估

批判性傾聽，區辨事實（fact）與推論（inferences），評估推論含事實支持、資料切合性、其他資料的適確性等。

參閱**圖8-3**傾聽過程圖，瞭解傾聽是經歷理解、記憶、評估、反應與

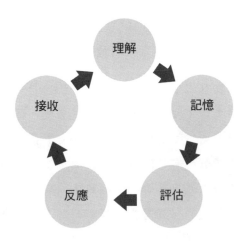

圖8-3　傾聽過程圖

資料來源：陳皎眉（2011）。

接收的複雜心理歷程。

技巧上可注意：

1.支持性陳述是否為有意義的事實性陳述。

2.支持性陳述與推論間的適切性。

3.其他訊息是否使原來的支持性說明失去效力（曾端真、曾玲珉譯，
1996）。

三、網路傾聽技巧

人們往往將電子郵件視為口語表達，把聊天室立即訊息視為說話。
網際網路包含傾聽。網際網路溝通之傾聽建議：特別努力參與瞭解、練
習批評性評估、不可過分依賴網路傾聽（黃鈴媚、江中信、葉蓉慧譯，
2007）。每個人難免在講話時，總會帶有自己的情緒和觀感，我們無法

去評論任何一個人，也無法做任何的定論。所以應該注意以客觀的角度去回應對方或給予對方意見，避免帶有負面的回應。

　　小琪剛開始很嚮往大學的生活，覺得會比以往的高中多了一份自由。但是進入大學之後才發現，溝通真的很重要，像是口氣、說話的音量、表情都會影響到人際關係，自己也深受其擾，因為本身臉比較臭，所以大家都會誤解。有時候大人所說的「多聽少說話」對自己比較好，而且也不要給別人太多自己的主觀想法，有時保持中立是比較好的，我想人際溝通是我們一直需要接觸的問題，不管是學生、同事、家人等之間都是重要的議題。

　　綜合而論，注意要點為：

1.減少阻礙因素。
2.生理與心理上準備：生理專注與心理準備。

說話時的口氣、音量、表情都會影響到聽者的反應

3.聽說之間順利轉換。

4.聽完再反應。

5.正確記憶內容的能力：保留訊息注意重複、建立口訣、做筆記。口語的訊息如聲量大小、音速快慢、音調平緩起伏、音高尖銳低沉、音質清晰模糊、強度激動無力、口音、說話方式流暢或反覆結巴等細節，均可提供確認訊息組織與目的之主要觀點。

6.注意非語言線索。

7.詢問，即提出問題。

8.簡述語意：簡短、扼要語句，反映當事人的認知。

9.注意情感訊息：肢體訊息觀察、眼神接觸、面部表情、頭髮、姿勢、嗅覺、整潔度、體型、保持的距離、軀幹的姿勢、軀幹的向度、緊張程度、呼吸頻率、表現、情緒反應等。

10.干擾及來源：

(1)對方部分：缺乏信任、害羞、不擅自我表露、焦慮、過度緊張、不知表達情緒、出現特殊情緒、爭辯、不專心、說話不直接含糊帶過、無法辨認訊息強度、口語與身軀訊息不相符、缺乏口語溝通能力、說太多卻非重要訊息等。

(2)自己部分：無法集中注意、聽力困難、視覺困難、疲倦、壓力、記憶力不佳、缺乏辨別情緒向度技巧、缺乏辨認非語言訊息技巧、偏見、焦慮、緊張、缺乏多元文化理解、缺乏彈性、缺乏同理心、不敏銳、無技巧的問話、令人不信任、感到壓力、道德教條等。

無效傾聽（ineffective listening）

無效傾聽的類型包括：

1. 假性傾聽（pseudo-listening）
2. 獨斷（monopolizing）
3. 選擇性傾聽（selective listening）

讚美視為諷刺（defensive listening）、攻擊傾聽（ambushing）即找弱點反擊、字面傾聽（literal listening）為無法理解話中有話，應避免之。

有氧傾聽（aerobic listening）

改善傾聽能力有四個有用的技巧，縮寫成CARE這個字：專注力（Concentrate）、承認（Acknowledge）、尊重（Respect）、同理心（Empathize）。真正積極傾聽，像是一種有氧的釋出，是項艱鉅任務，可提供能量給你，視為「有氧傾聽」（武文瑛譯，2003）。

亞里斯多德說：「我們有兩隻耳朵，但只有一個舌頭，所以最好多聽少說。」

學習活動與意見交流

溝通技巧觀察表

當觀察時，寫下最先使用下列溝通之技巧。

表現傾聽

1.簡述語意 _____

_____

2.檢核他人的感受 _____

_____

做出貢獻

1.描述他人的感受 _____

_____

2.描述他人的行為 _____

_____

3.提供觀點或建議 _____

_____

表現回饋

1.說出別人如何影響你 _____

_____

2.用簡述語意和印象檢核來接受回饋 _____

_____

延伸學習與人際語粹

◎觀察性的傾聽

需使用較高層次的同理心，察覺別人想說卻無法表達的意義，如：欲言又止，說不上來。傾聽說話者內在的情慾、傾聽說話者的不一致、矛盾、衝突、抗拒或避免接觸情感、思想或動機、需求。

◎聆聽別人說話

溝通不完全等同於教訓、開導。溝通最好的方法是聽對方講話。

美國參與太空梭製造的洛克威爾公司（Rockwell International Corp.）的總裁，每個星期五中午隨機挑選五個員工共進午餐。一開始大家都很緊張，不敢講話，通通埋頭用餐。總裁也不吭聲，任現場一片靜默。終於有人開始說話，總裁才問了幾個問題：工作怎麼樣？公司哪方面最好？還有哪些地方需要改？問完又不講話，只聽大家回答。

一般主管找員工談話，都是主管講話，要他聽員工說話很難。不過這個總裁一開始的用意就不是讓員工聽訓，所以寧願保持靜默，也不先說話。幾次之後，員工慢慢放心，被抽到的人都很興奮，因為老闆真的願意聽。

父母也是一樣，如果總是教訓孩子多讀書、要用功、要早起……，很難得到小孩的信任。懂得聆聽的人，容易贏得信任，即使是父母與孩子的關係也一樣，懂得傾聽孩子的父母，更能拉近與孩子的距離與想法。

資料來源：http://web.ydu.edu.tw/~edward/treasury/choice/200/284.htm。

同理反應的技巧——
同理、澄清、反應技巧

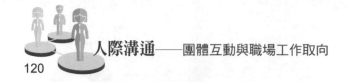

同理是人際關係中，有效的反應技巧之基礎。

一、同理反應的意涵

何謂「同理」（empathic），即站在當事人的角度和位置上，客觀地理解當事人的內心感受，且把這種理解傳達給當事人的一種溝通交流方式。可見同理心就是將心比心，同樣時間、地點、事件，把當事人換成自己，也就是設身處地去感受與體諒他人。

二、同理反應的技巧

同理心的第一部分是偵察（detecting）和確認（identifying）一個人的感受（feeling），這部分強調知覺（perceptual）技巧（曾端真、曾玲珉譯，1996）。同理心在溝通進行中十分重要，因為有時候說話者常常加上自己的主觀想法，或是不願意去瞭解對方真正的需求，甚至是直接否定對方，因此能真正瞭解對方的苦衷，或是換個角度去想，事情就會變得不一樣。同理反應的技巧有三：(1)同理；(2)澄清；(3)反應。

(一)同理

1.偵察與確認感受：覺知他人是依據那個人真正經驗到的感受是什麼，同理心是「他人」取向（other oriended）而不是「我」取向（I oriended）。
2.適當的反應：係指對他人情緒的知覺，並在適當時機，反應他人的

　　情緒。

　3.增進同理心的能力：

　　(1)對人的關心：指的是將心比心，能設身處地為他人著想。

　　(2)對他人觀察的專注程度：經常養成對他人觀察的專注，覺知對
　　　方情緒、觀點、態度與感受。

(二)澄清

◆意義

　　澄清（clarification），主要在避免會錯意，對說話者的本意強加扭曲。所以要用自己的話，陳述所瞭解的意思給對方聽，避免誤解意思，可以針對內容和情感來說。

　1.內容的簡述：針對訊息中的實質意義或外延意義來加以摘述。

　2.情感的簡述：根據對方的非語言訊息，來描述對其情緒經驗的瞭
　　解。

◆運用時機

　1.訊息不夠明確的時候。

　2.對方可能有意或無意掩飾真相的時候。

　3.對方傳訊的方式或訊息本身干擾你對訊息的理解時。

　4.不能充分掌握對方傳遞訊息的符號。

◆技巧

　　澄清意義常用的技巧為詢問（questioning）與簡述語意。

　1.詢問：可引出更多相關的訊息，同時注意不引起負面情緒或心理防

衛。詢問的原則是把握問題的目標要清楚具體；避開顯得唐突的使用一、兩個字的問題；盡可能使用正向的非語言表達。

2.簡述語意：在於清楚瞭解對方在內容和情感感受後，用自己的話，表達正確而適當的反應。

(三)反應

可以根據幾個原則：

1.禮貌原則：不能說令人不愉快或粗魯的話。

2.道德原則：應避免洩露機密性的資訊，要求特權的資訊，要求收訊者說不該說或做不該做的事，或是強迫對方討論不感興趣的話題。

3.歸功他人：當自己在語言溝通中借用他人的談話或想法時，要歸功於原本說話的人。

4.輪流談話：依適當的順序來進行交談，須注意：

(1)避免常說話。

(2)避免一次說太長。

(3)注意談話輪替的線索。

(4)引導接續交談。

(5)適時中斷談話。

(6)敏銳觀察非語言訊息。

三、同理心注意要點

1.站在他人的角度著想，並不是以觀看的局外角度去看待他人。

2.善用同理心並運用尊重的態度，說話表達時也是以他人為優先。

3.誤解時，以正面及考慮他人的角度做澄清，不要以指責角度溝通。

4.反應的技巧，因勢利導，善用應變能力，對適合的人說適合的話，正確澄清適當回應，這些都是說話的藝術與溝通技巧，認清有的人需要切入重點的回應，但有些人其實只是需要你的傾聽，回應乃在安慰到他的心理。

表9-1 傾聽的技巧與同理反應的技巧比較

傾聽的技巧	同理反應的技巧
一、注意：從多重刺激中選擇某種刺激知覺的歷程 1.生理因素。 2.心理準備度。 3.聽和說間的轉換。 4.聽完再反應。 5.配合情境目的的傾聽。 二、瞭解：積極傾聽，對訊息賦予正確意義的解碼能力 1.用心確認訊息的組織。 2.注意非語言線索。 3.詢問。 4.簡述語意。 三、記憶：訊息保留 1.複誦：短期記憶進入長期記憶。 2.建構口訣：將訊息轉換濃縮為精簡有意義的形式。 3.作筆記：主動傾聽和解碼組織。 四、評估：批判性傾聽 1.支持性陳述是否為有意義的事實性陳述。 2.支持性陳述與推論間的適切性。 3.其他訊息是否減弱推論的適切性。	一、同理 1.偵察與確認感受。 2.適當的反應。 3.增進同理心的能力： 　(1)對人的關心。 　(2)對他人觀察的專注程度。 二、澄清 溝通的最大阻礙：誤會、不專心、急躁。 澄清意義的技巧——詢問，引出更多必要的訊息，但不會引起負面情緒或心理防衛。 三、反應 助人反應：對他人感受、經驗或擁有情緒的權利表達支持。 有效的支持性反應： 1.站在他人的角度著想。 2.尊重的態度，表達時以他人為優先。 3.同理其情緒，以正面及考慮他人的角度做澄清。 4.以適當之非語言行為輔助，反應的技巧，因勢利導，善用應變能力。 5.提供能力可及的適當協助。

四、同理的溝通技巧

同理的溝通技巧如下：

1.要講人話，不講神話，也就是溝通中能平易近人。

2.要有親和力，講求真實性，找出相同的頻道。

3.站在他人角度思考，同理他人情緒。

4.不講「我知道」，不說「你錯了」，因為講了，相當於關上溝通的
　視窗，表示不願意再聽別人談話。

5.盡可能不否定對方的興趣，多鼓勵多稱讚。

6.練習問傻子問題，使氣氛緩和與自由輕鬆。

7.人際關係好，不怕競爭力。

8.練習澄清，做事實判斷，避免價值判斷。

9.多談談對方有興趣的話題。

站在他人角度思考，同理他人情緒

王永慶的火柴棒哲學

人際溝通在實務上，以王永慶的火柴棒哲學來形容當發生人際溝通困境時，可能產生的危機（鄭君仲，2005）：

一根火柴棒價值不到一毛錢，一棟房子價值數百萬到數千萬元。但是一根火柴棒卻可以摧毀一棟房子，可見微不足道的潛在破壞力一旦發作起來，其攻堅滅頂的力量，無物能禦。一根火柴棒，隱喻的是什麼呢？它是影響人際溝通的關鍵點，也就是下列四項：

1.無法自我控制的情緒。

2.不經理智判斷的決策。

3.頑冥不化的個性。

4.狹隘無情的心胸。

良好的人際溝通與口語的表達能力有直接的關係，當人際關係與溝通出現問題時，就如同這根火柴棒被點燃般一發不可收拾。

 學習活動與意見交流

想想看

※想一想，自己在與人溝通時，是否曾受過干擾？這些干擾是什麼？

※回饋

要瞭解自己是否理解對方的意思，或者對方是否瞭解你說的話，那麼回饋就相當重要了。

想想看

※下次當你跟好友聊天時，能不能夠對於他所說的話加以澄清，是否能減少誤解呢？

延伸學習與人際語粹

助人的反應技巧

(一)支持性反應:減低焦慮給予情緒上的安全感,關懷肯定並產生希望

　　1.尊重性的支持而非建議性支持。

　　2.勿造成對方依賴。

　　3.用肯定方式表達支持。

　　4.支持正向情緒需正確同理。

　　5.撫慰負向情緒在於減輕痛苦。

　　6.非口語行為輔助口語反應。

(二)解釋反應:指出不同的觀點或隱含的意義,協助從不同角度認知

　　1.先支持再解釋效果較佳。

　　2.協助對方還有其他可能的合理觀點的解釋。

　　3.在合理必要時才解釋。

(三)讚賞:增強對方正向行為

　　1.針對具體的行動讚賞。

　　2.讚賞的用詞適當。

　　3.表達行為及正向感受。

　　4.具體的敘述。

(四)建設性批評:指出或修正認知、感受、行為的錯誤處

　　1.主動要求批評:

　　　(1)減少心理衝擊。

　　　(2)從批評中得到益處。

　　　(3)具體問題才易得到回饋。

(4)態度需真誠。

(5)避免矛盾的訊息。

(6)對於回饋表示謝意。

(7)簡述語意以確定正確瞭解。

2.給予建設性批評：

(1)確定對方需要批評意見。

(2)正確詳實描述行為減少防衛。

(3)先稱讚再批評較易被接受。

(4)具體批評事件。

(5)近始效應。

(6)針對可改變的行為批評。

(7)配合提出修正方法表現平等善意。

綜合而論，助人反應為對他人感受、經驗或擁有情緒的權利表達支持。有效的支持性反應，通常包含：

1.仔細傾聽。

2.同理情緒。

3.簡述對其情緒之理解。

4.以適當之非語言行為輔助。

5.提供能力可及的適當協助。

資料來源：徐培剛老師的演講紀錄要點，104年4月11日。

◎魔術師學習讓自己引導觀眾的溝通理論

如何打動觀眾？端看你是否打開了觀眾大腦裡的「檔案」。所以魔術法則第1條開宗明義地說：「溝通的內容，是由觀眾的期望和感受所決定。」因此，與觀眾的互動捷徑，就是利用他們所知道的事物，運用他們熟悉的材料，藉以打開隱藏在觀眾大腦裡的檔案。

這也就是為什麼魔術師很喜歡用撲克牌作為道具的原因：它是每個人都瞭解的東西，不僅能夠屏除語言障礙，還能觸發消遣把玩的渴望。

創造同理心，是觸動觀眾的第一步。在某些場合中，採用專業行話或術語有助於創造和觀眾的連結，但如果有人可能因不瞭解而覺得被排除在外，就要避免使用。另外，在表演前，要先瞭解觀眾的文化、性別等差異，進而調整表演內容。

資料來源：改編自尼克・費茲賀伯特（Nick Fitzherbert）著，《簡報像魔術般神奇》，完稿為「魔術師學習讓自己引導觀眾的溝通理論」。

◎用演戲教人際關係及溝通技巧

美國的醫學院的通訊上有一短文，談美國醫學院如何用演戲教人際關係及溝通技巧（Using Drama to Teach Interpersonal and Communication Skills to Residents and Medical Students），台灣醫界教學也運用演戲來表達醫師對病人及家屬溝通的技巧，這種教學比正式課堂，由老師演講或上課教導溝通技巧更有效，就是用最新的Power Point也無法匹敵，比用錄影帶更有效，不但不會有人在演講會上或上課中打瞌睡，聽講者更專心看示範表演外，大家也在表演完後的討論更是熱烈。

資料來源：《當代醫學》，第三十七卷第九期，頁50，2010年9月。

人際影響——
說服、肯定、影響力

- 一、說服
- 二、肯定
- 三、影響力

影響力，是一種促使他人在思想、態度或行動上改變的能力。人際影響就是人與人之間互相感染，或是在他人影響下，個人的信念、態度、情緒或行為所產生的變化。人際影響在人際互動中，是一種普遍存在的現象。透過人際影響，個人往往會按照自己所生活的文化環境中，占優勢的模式，來改變自己的觀點、態度或行為。使個人向社會或群體同化方面發展，並使人們的行為發生相應的同化反應。

人際影響中，重要的元素包含：說服、肯定與影響力，分述如下：

一、說服

(一)說服的定義

說服，就是說服者能透過語言或非語言的符號來影響說服對象，並在說服過程中相互影響，說服對象通常會產生的反應，例如信念、態度、價值、行為等改變。

(二)說服三大要素

說服講求說之以理（reasoning）、取之以信（credibility）和動之以情（emotional needs）。

1. 說之以理（即給好的理由）：通常提供之理由與主張密切連貫，即明確依據事實的陳述，提出充足的理由方能說服對方。說之以理即能兼顧彼此立場，發揮理性溝通。

2. 取之以信（即可靠的來源）：指思緒清楚而且有充分訊息，如有事實依據，更能增加資料來源的可靠，可以提供客觀、可靠的依賴，

增進誠實與值得信賴的程度。

3.動之以情（即訴諸情感）：影響態度最重要者是情感，說服的言詞
　若能引發對方情感，最具有說服力。真正促使行為改變的，即是情
　感，情感可說是行為的重要原動力（鄭佩芬，2014）。

態度、說服、情感

圖片來源：葉苡欣提供。

(三)具說服性演說的演講

具說服性演說的演講，具備三項主要原則：選擇性的暴露、聽眾的
參與以及量的改變。

1.選擇性的暴露：想說服與自己看法不同的聽眾時，首需以選擇性的

暴露為先發制人。以引導方式開始，首先隱藏自己的論點，直到證據和論點呈現。選擇適當時機，將自己論點、立論依據與證據，相互驗證，達到說服的目的。

2.聽眾的參與：把演講設計成鼓勵聽眾討論和參與的形式，和聽眾的重要成員一起擬草稿，參考已經有人試過的解決方案。儘早讓聽眾參與，即可及早發現需要解決的問題，因此，導引聽眾主動參與，說服力可發揮最佳的效果。

3.量的改變：通常量的改變前，需要提供諸多理由和令人信服的事實與證據（洪英正、錢玉芬譯，2003），以說服對方改變觀點。

二、肯定

肯定，是承認事物的存在或事物的真實性，對事物也有支持與贊同的意思，是正面的意思。

(一)自我肯定的定義

自我肯定是指運用有效的人際溝通策略與方式，適度表達自己相關的權利，同時也尊重他人的權利。自我肯定，就是對自己有信心。在尊重自己也尊重別人的前提下，充分表達自己的想法、感受與期待，達成自己的期待。但卻不是犧牲他人權益，或不顧他人感受，反而是在尊重自我價值與權利的同時，也尊重他人的價值與權利的基本信念與態度下，所達成的溝通或協商的過程。

(二)自我肯定的權利與責任

自我是一種主觀的概念，是學習而來的，是可以改變的。

自我肯定同時也肯定他人，等同於肯定我們，在不侵犯他人權益下，可做自己的權利、有權利說不或拒絕，即我有做選擇、做改變、要求、有個人需求與渴望的權利，有權利擁有自我想法價值觀與感受的權利，有肯定自我、重視自我、維護自我權益的權利，有表達自我與被重視的權利。

能夠自我肯定的人，不會虛驕，不會逃避。實實在在呈現自己，袒露自己，因此，要想得到他人對自己的肯定，必先完成自我肯定，有了自知之明，才能自我肯定，才會建立起自信。自我肯定，不等於自我膨脹、自我吹噓、自我誇大。自我肯定必須建立在自我瞭解的基礎上。自己應該知道自己的分量，應該瞭解自己是什麼樣的特質，然後充實自我，發揮自我；不放棄自我的既定方向，不動搖自我的基本信念，較不會受到環境的影響而失落自我。要想自我肯定，必須增長優點，改善缺點，若能自知缺點，也是一種優點；若是誇張優點，便是一種缺點。

一個人的缺點，即往往在於對優點使用過當。在人際互動中，需要學習認識自己，自我肯定，開展自我的人生，實現自我的生命光輝。

(三)自我肯定行為的要素

自我肯定是一種以符合於人際互動的方式與效能，堅定表達自己的行為。尋求自我，決定自我存在的權利與自我負責的態度，自我肯定行為（assertive behavior）的要素，以口語行為和非口語行為，說明如下：

1. 口語行為：合宜的請求，適度的拒絕，勇於說「不」，真誠適切的情感包含喜愛、高興、讚美、生氣以及不同意見表達等。

2.非口語行為：視線接觸、面部表情、聲調、音量、姿勢、手勢及心
　理距離等。

(四)自我肯定行為的分辨

　　自我肯定行為的分辨，可分為自我肯定行為與非自我肯定行為的分
辨，說明如下：

1.肯定行為屬中庸的表現：保護自己的權益，利己但不損人。
2.自私與攻擊行為屬行為表現過當：是指侵犯或損害他人的基本權益
　而言。
3.損人利己不能自我肯定的表現屬行為表現不足：損人利己行為表現
　不足，通常難以令人信服，而否定自己應有的權益，為損己但未必
　利人。

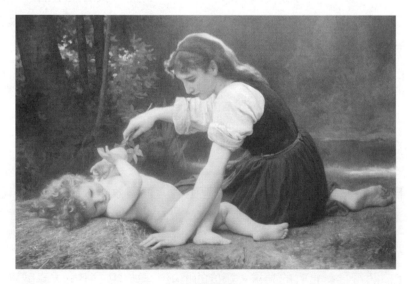

非口語表達
圖片來源：葉苡欣提供。

三、影響力

影響力，一般認為是用一種為別人所樂於接受的方式，改變他人的思想、態度或行動的一種能力。影響力又被解釋為戰略影響、印象管理、善於表現的能力、目標的說服力以及合作的影響力等。

(一)影響力的分類

影響力大致可分成兩種，即權力性影響力與非權力性影響力，分述如下：

◆權力性影響力

權力性影響力又稱為強制性影響力，這是法律支持的外在權力，由組織授予的。是一種領導者組織社會活動，規範被領導者行為的強制力。權力性影響力對人的影響往往有強迫性、不可抗拒性的意味，它是透過外推力的方式發揮其影響力。在這種方式作用下，權力性影響力對人的心理和行為的激勵是有限的。

◆非權力性影響力

與權力性影響力相反的另一種影響力是非權力性影響力，也稱為非強制性影響力，指內在因素帶來的影響他人心理與行為的能力。主要來源為領導者個人的人格魅力，於領導者與被領導者之間的相互感召和相互信賴。

構成非權力性影響力的因素主要有領導者的能力、知識、品德、作風、情感因素等（伍志銳，2002）。

(二)影響人際吸引的因素

個人特質是人們能夠彼此接觸、互動、建立人際關係的基礎。研究指出，人們對於某些人格特質，仍有一致性的喜好或厭惡。**表**10-1個人特質受到喜歡的程度，可說明個人特質影響人際吸引的因素。

表10-1　個人特質受到喜歡的程度

受到高度喜歡的特質	介於稍微喜歡與稍微不喜歡的特質	最不受喜歡的特質
真誠	固執	態度不佳
誠實	循規蹈矩	不友善
善解人意	大膽	敵意
忠誠	謹慎	多嘴多舌
真實	追求完美	自私
值得信賴	易激動	目光短淺
聰明	文靜	粗魯
可靠	衝動	自傲自大
有思想	精力旺盛	貪婪
體貼	害羞	不真誠
可信賴	感情豐富	心地不好
溫暖	內向	不值得信賴
心地善良	天真	惡毒
友善	好動	可憎
快樂	白日夢者	不真實
不自私	追求物質享受	虛偽
幽默	反叛	殘忍
負責任	孤獨	卑劣
開朗	依賴性	欺騙
信任別人	沉默	說謊

(三)具影響力的模仿、感染與暗示

模仿也是影響力的部分，是普遍存在的一種社會心理現象。模仿，也稱為仿效，是指有意識的依照他人的言行舉止方式進行自己的行動。模仿的內容非常廣泛，從他人的行為動作，到他人的風度、語言、交往方式以及風俗、習慣、禮節等，都可以進行模仿。可見，模仿不僅僅是簡單地仿效他人的某些外部特徵，它還會形成一定的思想、興趣、行為與風格。

在日常社會生活中，當個體發覺他人對自己很有吸引力和感染力時，就會在行為上仿效他。為公眾所模仿的行為，一般是公眾內心所企盼的價值行為，仿效他人的行為是模仿者希望達到的，或是模仿者所傾向的。通常選擇那些對公眾影響較大的權威人士、專家及知名人物，或者選擇那些能夠有效地吸引公眾注意力的社會行為。

模仿可說是人類生存和實現個體社會化的一種手段，是人們學會處理社會關係和人際關係的重要方式之一，而且也是人際中重要學習的基礎，在社會生活中，模仿占有絕大部分的比重。模仿的積極作用很明顯，主要是人類學習的一條重要途徑；人們適應環境的一種手段；有利於個體實現社會化；助於社會的整合和發展。它是兒童早期生活中學習社會經驗的主要形式。一個人初到一個陌生環境，也要藉助模仿以適應環境。

感染，是指個體無意識或不自主地接受某些情緒狀態影響的現象。它是人際交往中相互影響的一種常見的心理方式。微笑，是人際交往的芬芳劑，當聽見輕鬆、開朗的笑聲，自然感染到其他在場的人，也使得氣氛變得快樂、歡愉，一個用聽覺或視覺接受他人所表達的感情的人，能夠體驗到那個表達自己的感情的人，所體驗過的同樣的感情。一個人表達出對某些事物，或某人或某些現象的喜愛、崇拜、恐懼或尊敬，其

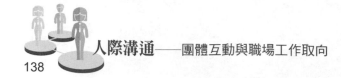
他人受到了感染，對同樣的事物、同樣的人或同樣的現象，也感到同樣的喜愛、崇拜、恐懼或尊敬，這些都是由情緒感染的作用形成的。在發生情緒感染時，交往雙方的情緒互相傳遞，經過多次交流，自然產生連鎖式地擴散，使某種情緒狀態出現在相互交流之中，從而產生共同的感染行為模式。

　　感染和暗示都屬於人際影響的範疇，主要為透過相互的訊息溝通以達到改變內心思維和行為的目標。兩者分別是兩種不同的人際影響方式：暗示偏向主動的影響，感染則是受動於他人的影響，因而感染是以雙方共同的心理狀態為基礎，而暗示不一定有共同的心理狀態和感受，暗示和模仿是單向性的影響，而感染是雙向的、多向的影響。

　　人與人之間能相處和諧是個理想，然而在現實生活中卻不易達成，因為人際間基本上存在著一個無法改變的「生存競爭」，雖然現實的確

人際交流與溝通

圖片來源：葉苡欣提供。

如此，要想使人際間互動融洽、處事順暢，重要的仍是在人的心念與想法之間，心主宰行為。基本而言，所謂「不經一事、不長一智」，只要能正面思考參考他人經驗，總是有活路與方法，諺語說「一枝草，一點露」。更何況現代社會，往往靠同心協力合作無間，方得以成就竟功，即是人的互動與影響的重要明證。如能做到孟子云：「愛人者人恆愛之，敬人者人恆敬之」，曾國藩所言的：「做人之道，當小心謹慎，謙又而謙」，並以「待人要豐，自奉要約，責己要厚，責人要薄」自我勉勵，相信自己的人際關係會更圓融。

 學習活動與意見交流

一、九型性格學（Enneagram）的來源

1. 口傳智慧，源自二千五百年前印度的蘇菲教派（Sufi）。
2. 五十年代，自阿富汗傳入西方。
3. 1993年哈佛大學商學院開九型人格的課程，研究在營商領域的應用。
4. 希臘文的Ennea代表「九」，將人分為三類九型（九型性格）。

二、九型性格分析

(一)完美型——守門員／稽查員（PERFECTIONIST/ I am right）

- 擅長：管理工作進程、掌握工作方向、指出問題所在、核對程序。
- 弱點：缺乏彈性、吹毛求疵、頑固。
- 動機：前瞻理想、力求完美。
- 沮喪：工作錯漏、程序失控。

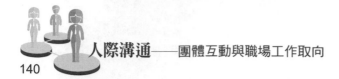

- ·滿足：盡善盡美、勤勉有功。
- ·關係：獨善其身、人際疏離。
- ·獎賞：聆聽憂慮、讚賞努力、肯定完美。

(二)助人型——支援者／親善者（HELPER/ I can give/ I must help others）

- ·擅長：排難解紛、愛心支援、獲取多方消息、協助舉辦大小活動。
- ·弱點：欠缺邏輯分析、不懂分輕重、時間管理差。
- ·動機：無私奉獻、獲取愛護。
- ·沮喪：冷漠無情、不懂欣賞。
- ·滿足：樂於助人、獲得回應。
- ·關係：人際良好、朋友處處。
- ·獎賞：關注感受、表達感激、肯定熱誠。

(三)成就型——推動者／競爭者（ACHIEVER/ I need to succeed）

- ·擅長：設定明確目標、激發團隊動力、引領朝向成功的進路。
- ·弱點：過於自我表現、工作流於表面、勉強行事。
- ·動機：追求效率、力求成功。
- ·沮喪：挫折失敗、風頭盡失。
- ·滿足：達到目標、名成利就。
- ·關係：眾人偶像、交遊廣闊。
- ·獎賞：公會讚揚、肯定成就。

(四)自我型——獻計者／激發者（INDIVIDUALIST/ I am special）

- ·擅長：激發靈感、引起思緒及意念、創造新的工作模式或規範。

- 弱點：容易感染負面情緒、自我封閉、障礙團隊合作。
- 動機：追求真我、原創獨特。
- 沮喪：不被欣賞、無人共鳴。
- 滿足：體現真我、與眾不同。
- 關係：獨斷獨行、孤芳自賞。
- 獎賞：真誠溝通、創作空間、肯定才華。

(五)理智型——審議者／搜查者（THINKER/ I am knowledgeable）
- 擅長：蒐集資料、進行深入而精密的分析、建構工作的基本內容。
- 弱點：吝於付出、欠缺積極性、思想較頑固、效率較慢。
- 動機：追尋知識、洞悉世事。
- 沮喪：欠缺邏輯、分析膚淺。
- 滿足：資訊豐富、無所不知。
- 關係：自我放逐、不擅交際。
- 獎賞：給予空間、體諒沉默、肯定知識。

(六)忠誠型——執行者／維繫者（LOYALIST/ I am Loyal）
- 擅長：跟從指示完成任務、落實工作目標、有策略地推進工作、建立共識。
- 弱點：缺乏彈性、欠缺創意、拖延工作。
- 動機：安全穩定、忠信行事。
- 沮喪：程序混亂、朝令夕改。
- 滿足：安定有序、忠誠盡責。
- 關係：重視關係、互相合作。

‧獎賞：生涯計畫、福利保障、肯定忠誠。

(七)活躍型──外交家／嘗新者（ADVENTURER/ I am happy and open to new things）

‧擅長：發動意念、對外宣傳、傳達快樂和希望、激發工作熱情。

‧弱點：工作欠具體計畫、低估實際情況、推卸責任、欠缺自制力。

‧動機：追求理想、找尋樂趣。

‧沮喪：程序刻板、紀律嚴明。

‧滿足：無拘無束、新鮮有趣。

‧關係：廣結天下、若即若離。

‧獎賞：容許選擇、開拓新域、肯定創意。

(八)領袖型──統領者／推動者（LEADER/ I am strong）

‧擅長：發揮帶領作用、決定方向目標、無畏困難、戰鬥力強。

‧弱點：較為獨裁、喜愛爭辯、欠缺修飾。

‧動機：追求公義、當家作主。

‧沮喪：遭受挫折、懦弱無能。

‧滿足：我做得到、勝者為王。

‧關係：望而生畏、保持距離。

‧獎賞：團結抗敵、據理力爭。

(九)平和型──調停者／親善者（PEACE-MAKER/ I am settled）

‧擅長：按照指示工作、建立和睦團隊、調停隊員間的衝突。

‧弱點：不願表態、議而不決、決而不行、欠缺明確方向。

‧動機：追求安定、人際滿足。

．沮喪：衝突漩渦、逼迫決議。

．滿足：舒泰閒適、和平共存。

．關係：人緣佳、傾訴對象。

．獎賞：強勢領導、明確指引。

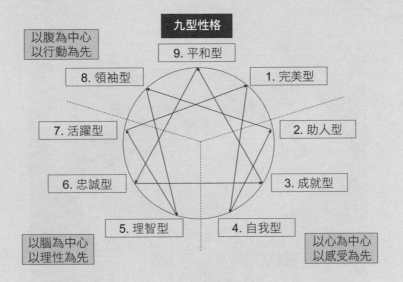

人格九型圖

資料來源：林寶島、石芳瑜（2004）。《讀心術：瞭解九型人格》。台北市：良辰。

學習「九型性格」應有態度與認知

‧接受每種性格的存在價值，每個人都有他的底色與特質。

‧瞭解＋接納＋善用＝自我成長

‧忌對號入座，忌濫用藉口

※可分組研討「九型性格」在人際溝通中的關係與影響

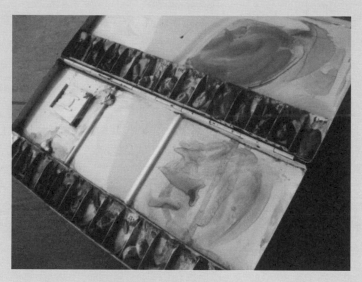

每個人都有他的底色與特質

圖片來源：葉苡欣提供。

延伸學習與人際語粹

讚美與鼓勵的影響力

讚美是指對別人的優點、長處、特色，給予肯定的評價，使人產生自信心及愉悅感。

讚美的重要或價值不僅在幫助對方建立自信，形成正面的自我形象，對於人際關係也有莫大的助益。

失敗、沮喪或膽怯、害羞的人，特別需要鼓勵以重建信心。

鼓勵可能發生在各種不同的情境，例如：

1.失敗挫折時。

2.遭遇困難時。

3.成功自滿時。

4.自卑退縮時。

5.犯錯失誤時。

6.激發潛力時（王淑俐，2000）。

※可分組討論以上生活中案例或相關探討

Notes

人際衝突的處理、模式與原則

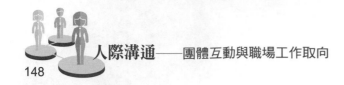

　　人際間衝突的發生，很難避免，探討人際衝突與處理衝突問題之前，首先要瞭解衝突的意義與本質。

一、衝突的本質

　　Dudley Cahn（1990）將人際衝突界定為：「人與人在互動中，存在利益上的不同，或是出現相反的意見。」Bradbury和Fincham（1991）指出，衝突是一個人的行為干擾另一個人的行動過程（鄭佩芬，2014）。

　　綜合而論，衝突是指在兩人或兩人以上之間，發生一方的行為妨礙了另一方需求的滿足，即需求衝突；或雙方的價值觀不協調，即價值觀衝突。衝突在人際間無法避免，通常是自然發生的現象，有時也可能藉此更瞭解彼此，有益於個人與團體關係。

衝突的情境及面向

圖片來源：葉日銘提供。

　　學習瞭解衝突、如何避免衝突及培養衝突的管理技巧，將可有效面對人際間衝突的管理與化解衝突。

二、西方的衝突理論

(一)衝突的類型

　　社會衝突一直是社會學的重要概念，社會衝突理論也一直是西方社會理論組成的部分（張衛，2007）。

◆廣義的分類

　　衝突型態廣義而言可包括下列三種：

　　1.個人內在衝突（intrapersonal conflict）。
　　2.人際間衝突（interpersonal conflict）。
　　3.團體衝突（intergroup conflict）。

◆主觀性衝突vs.客觀性衝突

　　1.主觀性衝突：引發衝突的主要因素在於情緒過多較難以處理。
　　2.客觀性衝突：主要在於任務達成的不同因素，或相對立或差異性思考模式而產生的衝突。

◆理性衝突vs.非理性衝突

　　理性衝突為針對事情或行為的差異為主，可思考內在自我對話的理性分析與反制Ellis的非理性信念；而非理性衝突，多與目標沒有具體關聯，有時是自己的內心念頭，有時是人與人間的互動，有時甚至是人與

世俗價值、輿論的相對性而言。

◆依據衝突升高的不同階段分類

依據衝突升高的不同階段，可分為四大類：

①假性衝突（pseudo conflict）

雖不是真正衝突，但也是衝突發生的預備狀態，最常見的是一種挪揄遊戲（gaming）。可彼此協調，設法兼顧彼此的需求。

②內容衝突（content conflict）

為針對訊息內容正確與否的爭論，衝突的焦點通常是爭論哪一個內容才是正確。衝突始於事實面的論辯，如果討論方向回歸到事實面，將焦點拉回到訊息內容上重新考量，失控可能性將減少。

③價值觀衝突

價值觀體系是決定一個人行為及態度的基礎。雙方價值觀介入問題爭論之中，是指由不同主體或不同文化的差異而導致的價值和價值觀念上的矛盾、碰撞、衝突，主要表現為價值理想、價值信念、價值目標、價值標準等面向。價值系統有其階層性，我們通常依自己的價值體系做抉擇。價值衝突通常對生活中的問題有不同的觀點與看法。體認彼此的差異，相互包容，建立共識，尋求解決之方式。

④自我衝突（ego conflict）

當個人身上之理想的我（ideal ego）與實際的我（real ego）產生衝突時，將蒙受到自我衝突（self-conflict）的痛苦。把輸贏當作決定自我價值、自我能力、自我權力及自我學識之標準時，便是自我衝突；在此衝突中，真理其實已經不重要，獲勝反而變成最重要的目標。它也是人際間最難處理的衝突（引自曾端真、曾玲珉譯，1996）。由於情緒過度涉

入難以處理。解決方法是將衝突拉回內容衝突階段，或盡可能避免讓衝突升高至自我的層次。

組織溝通時常發現之情況，例如：觀點兩極化，會談內容各說各話；對話不投機，導致彼此不歡而散；草木皆兵，隨時相互對戰；表裡不一，沒有誠意。會中同意，會後反對。可說明衝突之不同類型。

(二)衝突的演變歷程

衝突有逐漸形成之歷程，Robbins（2005）的衝突發展歷程為：

1.潛在對立（potential opposition）：語意上之誤解或個人特質不同，將影響後來衝突。

認知、情感、行為

圖片來源：葉日銘提供。

2.認知與個人感情介入：知覺和意識上，感到彼此的對立。

3.行為：可從參與者的行為與他人反應，感受行為衝突。

4.結果：衝突結果為正向即是功能性結果，彼此關係與任務能夠繼續發揮；反之，負向即是非功能性結果，彼此關係與任務將受到挑戰，甚至解離。

(三)衝突的反應行為

◆衝突理論的三大假設

基本上衝突理論的觀點以下述三大假設為前提：

1.每個人均有其內在的基本「利益」（interest），個人的行為亦常以追求或爭取此利益為前提。

2.衝突論者強調權力是社會結構與社會關係的核心，人際間衝突的原因，即在於權力的有限與分配的不均，鬥爭的結果以爭取權力與各自的利益為目的。

3.衝突論者認為，所謂的價值共識和理想只是不同團體用以達成其鬥爭目標的工具，而不是促使社會整合的因素。

衝突理論源自1960年代，思想淵源為馬克思（Karl Marx）和韋伯（Max Weber）兩大學說。馬克思主義關於權威和權力的理論，以此為基礎建立其階級和衝突理論。馬克思主義的「階級理論」，假設社會體系的衝突和敵對，起源於資本主義體系內勞工階級的「異化」（alienation），而此勞工階級的異化起於階級之間利益的矛盾和衝突，而衝突之產生由於資源有限與分配不均。韋伯主義認為衝突是無可避免的，而宗教、教育、政治、學派都是獲取權力的資源（楊瑩，2000）。

◆衝突處理方式

Verderber和Verderber（1995）處理衝突的方式分為撤退（withdrawal）、放棄（surrender）、攻擊（aggression）、說服（persuasion）和問題解決式的討論（problem-solving discussion）等五種主要模式（鄭佩芬，2014）。

①撤退

被動的行為反應為撤退的方式。往往造成自己在行為上或心理上抽離衝突的情境，為了避免衝突加劇，維持暫時的關係。因為不直接碰觸問題，有時只會使問題更加複雜或因擱置而難以處理。但有時使用撤退能使兩個甚少交流互動的人，在即將發生衝突時，讓衝突降溫，有時一方撤退，達到問題自然解決之功能。

②放棄

改變自己原有的立場。對於人際間和諧的重視程度，遠大於自己目標的完成與否。有時放棄不見得是好的，其原因為我們理應按照自己的實際需要來做決定，放棄並不一定會獲致預期的結果，然而能讓彼此關係維持和諧。

③攻擊

可分為直接攻擊（direct aggression）與間接攻擊（indirect aggression），這是運用脅迫身體、心理或其他行為來達到目的之方式。有時被攻擊者因為當時趨於弱勢，因而暫時忍受，然後伺機反擊，但實力相當者可能會立即反擊，結果往往造成雙輸局面。

1.直接攻擊為以肢體的直接攻擊方式，包括身體和語言的暴力。
2.間接攻擊是無法直接針對衝突對象表達意見，而採取其他方式讓對方知道自己的不滿。例如：透過有意圖的社會操弄（social

manipulation）、控制或毀損他人的社會關係等迂迴方式來傷害特定對象，使受害者因社會關係受到操縱或被擾亂，導致社會名譽受損或是遭受社會排擠而受到傷害。

④說服

「說服」即嘗試讓對方接受自己觀點的過程。意為透過語言或非語言的溝通，試圖改變個人、團體或組織，對特定人、事、物的信念、意見、態度或行動，彼此取得協調。

⑤問題解決式的討論

問題解決式的討論為處理衝突較佳方式，雙方仔細考慮引發衝突問題之主要原因，以及探討可能的解決方案和分析推演正負兩面可能造成的結果。基本上，雙方在平等的對待中，能彼此開放思考，尋求更多可能的解決方案。

過程中牽涉到意願、控制情緒、客觀表達問題、坦誠面對自己的想法與感受，較理想的方式為放下自己執著的部分，最終達到雙贏局面的理想方式。

三、中國的衝突理論

(一)中國人人際和諧與衝突的動態模式

1. 「實性和諧」，是指成員間關係真的相當和諧，形成實性和諧關係後，雙方若能在人情往來中加入「真誠之情」，再加上內隱衝突的轉化機制，則實性和諧將得以持續維持。
2. 「虛性和諧」，是指彼此心中暗藏著不滿或不合，產生不信任，仍

勉強壓抑這些事實，維持成員間的關係，營造表面和諧。

3.「虛實性和諧」，為調節外顯衝突的重要因素。因此，為了形成良好的關係，實性和諧的維持與深化機制，以及虛性和諧的轉化機制應該比外顯衝突的避免更重要。

4.「實性衝突」，是指明顯的正式衝突，使得衝突轉變成為真實衝突。

5.「關係斷裂」，為真實衝突後雙方雖溝通但彼此互相指責，導致衝突更加激化，此時關係變成破裂的情形。（井敏珠，2012）

(二)衝突解決方式

1.「忍讓」的方式，即自我壓抑。

2.「欺騙」的方式，事實被揭露，關係更糟。

3.「抗爭」的方式，對指控予以反擊，並反控其他成員對自己的孤立與排擠。

4.「退讓」的方式，自願損失自己的利益。

5.「協調」的方式，協調者介入，雙方願意透過妥協與談判的方式進行，而在形成共識後解決問題。

Weldon（1997）的研究發現，美國經理人較中國經理人傾向注意與任務有關的衝突。這種跨文化比較研究有助於我們瞭解華人與西方人在衝突解決上的大致差異，但無法清晰說明他們是以何種思考或推理方式，獲致其最終的衝突處理決策（戚樹誠，2002）。

四、衝突的處理原則

處理衝突的原則，包括確定雙方處理衝突的意願、進行協商、認清衝突的類型、以雙贏替代競爭、運用幽默、直接溝通、尋求公正中立第三者協助和從失敗經驗中記取教訓（鄭佩芬，2014）。

(一)確定雙方處理衝突的意願

1. 主要就是從我們對目標的重視與堅持程度而言。
2. 視彼此關係對我們的重要性而定，若關係遠大於目標，絕不犧牲彼此的和諧；反之，目標勝於彼此的關係，則採取強硬的方式處理衝突。

(二)進行協商

1. 對質（confrontation）：雙方先將問題與事實釐清，清楚事實之真相。
2. 協商（negotiation）：問題釐清後，明確知道彼此之互動與觀點。
3. 交涉（bargain）：面對當下尚未解決的問題，尋求解決的方式。

(三)認清衝突的類型

掌握在衝突失控之前就設法有效解決問題，因為衝突是一種動態的緊張、變化的歷程。認清衝突的類型為假衝突、內容衝突、價值觀衝突或自我衝突，針對類型，尋求解決之原則與方法，避免衝突升高到無法解決的地步。

(四)以雙贏替代競爭

以理性合作的態度來面對衝突,方法如下:

1.先誠懇表示自己期待解決衝突之意,達成彼此雙方都覺得滿意的好結局。
2.要避免使用會升高衝突或引起對方防衛的言語表達或敘述。
3.以合作型的溝通方式來避免衝突的加劇,合作氣氛因心態開放而彼此保持較佳之談話氣氛,以開放心胸互相交流,接納不同的訊息和觀點。
4.非語言溝通在衝突情境中增進語言功能,扮演重要角色。

(五)運用幽默

幽默運用成功與否取決於雙方既有關係之良窳,善意而且是對方所接受的幽默,將有助於化解彼此的衝突。

(六)直接溝通

直接和對方溝通效果較好,因為管道暢通,比較容易化解衝突。

(七)尋求公正中立第三者協助

第三者扮演的角色為促進者,是協助雙方進行合作討論的第三者。仲裁者,是雙方都信任的對象,必須有能力為雙方的衝突做有效的解決,例如是法庭中的法官或德高望重的長老。

(八)從失敗經驗中記取教訓

　　就人際衝突而言，衝突可能從一點意見的不同，到無法解決的相互爭辯，甚至以武力相互攻擊，而致影響團體的和諧、發展或個人成長的機會。一般人的想法中，衝突就是一種不和諧、意見分歧，誰也不讓誰的混亂現象，因為它會破壞團體的合作與平靜。所以，總以為衝突是有害的、是要避免的，而且要越快結束越好。殊不知，團體中或人際間的衝突似乎是不可避免的。因為每個人的觀念、知識、所關心的以及所需求的各不相同，所以我們無權要求每個人都如同一個模子刻出來的那麼相似。更何況身處於複雜的社會中，我們易受許多外在環境因素的影響，其差異性自是必然存在的。重要的是分析失敗的主因，加強溝通技巧，從經驗中學習解決衝突的方法。

　　溝通對人際衝突有非常重要的影響力。溝通技巧對於人際間建設性的衝突處理是非常有幫助的，像是善解人意、確認對方想表達的內容、表達關心、用心聆聽、專注於話題、收斂解決方案，同時避免揣測人心、干擾、自己下結論，還有相互抱怨（Wood, 2006），皆是處理人際衝突應特別注意的。

五、避免人際間衝突的發生

1.注意對方的感受，在意他的感覺，不要強詞奪理，更不要激起公憤。
2.儘量避免敏感性字眼，不要刺激彼此的情緒，不要讓現場出現對立。
3.多談正面的觀點，多談自己的主張及他人優點，少去談論別人的主

張及其缺點。

4.要能把話說到對方的心崁裡，而不是把對方心崁裡的話挖出來。

5.試圖瞭解對方，而不要試圖改變對方。

6.越是對你的論點有利的證據越要慎重處理，越是對對方的論點有利的證據越要尊重。

7.在引述任何佐證時，你需要的是敘述，而不是評論。

我們可以學習去跟你不喜歡的人面對，不要在意曾經發生過的一點小小爭執。

面對衝突，學習態度改變與關係重建，以專注、傾聽、接納、同理、尊重、真誠、積極關注的態度化解彼此的敵對，重新建立更為友善的關係。

學習態度改變與關係重建

圖片來源：葉苡欣提供。

學習活動與意見交流

　　人與人之間難免會引發衝突，而人際衝突的處理模式可以生活中實例分析討論，或可做相關案例與經驗探討交流與分享。

【實例】曉萱是大學生，但跟朋友之間有時難免還是會有小爭執，例如前幾天和一位深交的好友起了一些小爭執，她對曉萱來說是很重要的，是很要好的姐妹，但最近感覺越來越疏遠，原來因為她覺得曉萱總是很忙碌，很難約出來見面，她覺得在曉萱心中沒有她的存在，但對曉萱來說她多重要她應該知道的。曉萱原本選擇不多說自己的立場跟想法，但曉萱發現一說了之後，她也跟曉萱說了好多，兩人甚至找回從前那種感覺了，無論是朋友與朋友之間，還是家人之間，「你不說，我不問」這就是距離，往往造成疏離感。若在意對方，就該好好的溝通，避免氣勢高亢的態度，發生吵架，這樣的相處只會使得彼此的距離越來越遙遠，彼此把內心話說出來，不要有任何牽掛跟壓抑，如果真的是朋友，什麼事說出來，都不是問題了。

「你不說，我不問」往往造成好朋友間的疏離感

延伸學習與人際語粹

◎組織中常見的溝通問題

1.公司制度與主管命令的宣達與執行的落差。

2.上下游單位間的流程串接,例如:研發/生產/銷售的溝通問題。

3.工作中的模糊空間,或新增工作與突發事件。

4.制度流程中規範不清之處。

5.主管或會議中的決議。

6.不同的看法與意見。

7.主管與部屬的個人因素。

8.惡意的中傷與批評,例如:口語或e-mail或黑函方式。

◎組織溝通與衝突處理的方法

1.主管具有包容與解決問題的責任與義務。

2.建立企業倫理的問題反映管道。

3.清楚確認問題。

4.以會議協調,並做書面記錄。

5.個別溝通處理。

6.以人際網絡來解決問題。

7.明確的制度與流程。

8.對事也對人。

9.注意獎罰及組織紀律。

10.重視組織溝通的時效。

11.搬開阻礙溝通的石頭。

資料來源:晉麗明(2016)。「追求共識的圓點——談組織溝通與衝突管理」。

Notes

組織中的溝通——工作組織的特質、主從、同事、顧客間關係

- 一、工作組織的特質
- 二、主從關係
- 三、同事關係
- 四、顧客關係

Chapter
12

組織中的溝通包括工作組織的特質、主從、同事、顧客間關係。

一、工作組織的特質

所謂的組織溝通是指組織人員與團體透過適當的管道,將意見、事實、價值、觀念、態度、情感等種種訊息傳達給對方的一種歷程,其目的是在增進與建立共識、協調行動、集思廣益或滿足成員需求,進而達成預定的目標(周崇儒,2003)。

工作組織的特質,實質上主要包含了以下四個功能:訊息及意見的交換傳達、人際關係情感的展現、提高並激發工作士氣,以及協調與控制任務執行。

團體組織與成員

　　良好的組織溝通是可以藉由組織成員間的相互瞭解與同心協力的互動關係，以及積極聆聽與主動性的回應，來促使整體之人際關係的調整與改變而達成的。然而做好「組織溝通」認真說來實為一件不易之事，這其中必須藉由許多協助物（例如人、事、物、環境等），共同來幫助溝通之有效達成與展現；尤其是在溝通技巧上的運用，更是攸關到組織整體溝通之良窳，因為一個成功且有效的溝通是必須藉由技巧來成就與完成的（閻建政、衛萬里，2011）。

二、主從關係

　　主從關係主要強調主管與部屬之間的互動連結關係，是由一位具有權力的上司或督導者負責監督其部屬，主從相互互動，所產生的主從關係。

　　「主從式架構」（client-server）可以說是近來相當流行的一個趨勢（曾保彰，2007），它不僅成為許多人熱烈討論的焦點，在產業界也刮起了一陣旋風，愈來愈多的企業組織採行主從式架構以解決實際所面臨的問題。

　　「主從式」的系統架構與網路的廣泛運用有著密切的關係，它將整個應用系統畫分成前端的應用程式（client）以及後端的伺服器（server）兩大部分，而銜接這兩大部分的便是網路系統。

　　主從式架構的優點甚多，不論是從經濟的角度，或者是從系統執行效率的著眼點來看，它都有著相當優勢之處，最重要的是，如此的架構是實用可行的。在開發主從式架構的應用系統時，妥善的規劃相當重要。現今一個流行的趨勢，即是使用MS-Windows的視窗圖形環境作為主從式架構的前端介面，而以UNIX強大的處理環境作為其後端的伺服作業環境。

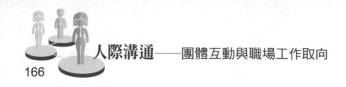

三、同事關係

　　同事關係會影響組織工作的品質和滿意度，也深深影響我們在工作關係中的行為。同事關係可滿足人們的社會性需求，促使工作上的合作，以及增進顧客間關係。

　　人生在世有機會能夠在一起相處共事，實在是一種緣分，自應善加珍惜之。在職場中同事的互動關係良好與否，不但關係其工作品質、效率與工作滿足感，而且會影響內部團隊共識與合作精神，這是工作職場上相當重要的課題。再者如果工作關係中能建立良好的同事關係，往往易於獲得別人接納與支持，甚至可提高工作績效，進而受到上司的肯定與賞識。

　　從許多實際案例中，可獲知成功與同事相處之道有數端，依循此途徑將可收事半功倍之效。分述如下：

(一)表示真正關心

　　人際相處對他人是否出自真誠的關心，必然會被他人所洞悉。何況關心並不需要付出過多的力量，或使對方得到好處或實利。其實，一句真心的寒暄問暖或關懷問候的話，就會令人感受到溫暖，將可增進他人對你的接納與好感。

(二)不要吹毛求疵

　　俗語說：「世上幾無完人。」故任何人均有其優缺點，不要過於刻意挑剔他人的缺點，甚或事事吹毛求疵，而令人不悅或者惱羞成怒，產生無意義的衝突，導致人際關係破壞。如能用心去發掘他人的優點長處，並且

去接納與欣賞，自然會增進彼此的友好關係，而能敞開友善之門。

(三)切忌輕視他人

　　任何人均有被別人厭惡或看不起的時候，尤其在職場中，如被同事或長官看不起，不但會心懷怨恨甚至會思索報復以討回公道。而在職場中輕視同事，將使彼此間關係惡化，甚或形成陌路。其實，輕視他人是缺乏修養的表現，也是損人不利己的行為。切記「視人如草芥」別人亦「視你如糞土」的回報。

(四)多給對方讚美

　　中國人是個吝於誇讚別人的民族，這或許有些是拙於口才，或是見不得別人比我好之緣故，甚至是認為誇讚別人就是「長他人志氣，滅自己威風」的心理困擾所導致的結果。假設一個人能夠誠心誠意地誇讚別人，可說是一項美德，且是一種贏取別人喜悅與友誼的不二法門。美國林肯總統曾說：「每個人每天均在等待別人的一句讚美話。」其實，這是從小孩到大人，深植於人性中的強烈需求。不過誇讚時應使對方感受到所言真誠，甚或略有同感之共鳴。有時不妨令對方覺得稍有言過其實，也都蠻為受用。謹記不可讓對方反感，認為是美麗謊言或是挖苦，甚或有口無心的說說而已。因此，請善加珍視應用容易獲得對方友誼相待、滿心歡喜的人際溝通與方法。

(五)盡力協助他人

　　人既然是因為有緣才相聚，則同事遭遇困難時，應盡一己之力，為其紓難解困，相信會獲得對方的由衷感激與善意回報。青年守則中的

「助人為快樂之本」，當可作為待人處世的座右銘。美國思想家愛默生曾說：「能誠心地幫助別人，別人一定會幫助你，這是人生中最好的一種報酬。」這也正說明助人是換取別人助你的先決要件，同時也是建立良好人際關係的奠基。因此，要與同事或朋友建立互助合作的良好關係，就應用心盡力幫助他們。

(六)避免與人爭辯

在同事相處互動中，難免會產生不同意見、觀念或利害衝突等情事而爭辯或吵架。不過要懂得心平氣和、理直氣和的道理，且能自己適時退讓一步，以消弭無意的紛爭，確保互動關係不會遭到破壞。因為口舌之爭辯是無一方能獲勝的，輸贏均是雙方所有，即使你能說得對方啞口無言，對方也會因自尊心受損而懷恨在心，那麼就算贏了面子也輸了裡子。是以同事再好，有時一旦發生爭辯或吵架，也會不歡而散，形成陌路，反而得不償失。

(七)禁忌「三C用語」

所謂「三C用語」，是指批評（criticizing）、責難（condemning）及抱怨（complaining）。日常與同事交談或公事洽商討論中，如使用批評易於傷害對方的榮譽心與自尊心，將產生不快或怨恨心理，遲早會以牙還牙的對待。至於必須喚起別人注意某一錯失或不當行為，甚或責怪別人不協助而挫敗時，如貿然給人責難，勢難獲致對方認同或接受，常易反脣相譏，不歡而散，使良好關係因而破壞，實為不智之舉。再者，向人抱怨更是令人生厭，且是最不受歡迎的行為。與其怨天尤人，還不如自立自強、發憤圖強，以換取別人的肯定與重視。因此應切記與人相處

時，尤其是同事的相處，必須避免使用「三C用語」，以免因此破壞彼此良好的人際關係。

(八)拙勝與人相處

人們常存有種心理，即看到比自己有才幹有本事的人，總是會設法逃避而不願與其為伍。而一個學識能力或技術高人一等的人，往往也許是人緣不太好或是孤花自賞的人。其實能用心滲透其中原委或道理，就不難知曉這全是未能應用「寧以拙勝與人相處」之道，所產生的結果。如果你在同事間常以自己的學識、能力、地位、錢財等自視高人一等，或向人炫耀，或令人自慚形穢甚至難以抬頭，自然別人不願意也不喜歡與你互動。如此便使彼此的互動關係關門，而產生隔閡疏遠。因此，應牢記「學得如愚方是賢；行似笨拙實為巧」的道理，同時能反躬力行，必可贏得別人的好感與接納，自然樂意與你建立和諧合作的人際關係。

(九)常以微笑待人

微笑是一種無聲的語言，也是一種友誼的表徵，它更是一種縮短人際距離的有效利器。通常你能以發自內心的微笑對待別人，尤其是同事，即意味著「我喜歡你」、「你是好人我想親近你」或「你是我的朋友」等意涵。對方自然也會對你產生好感，同時對自己感到有自信，願意與你交往互動。因此常保持真誠的微笑去對待他人，必可贏取對方的善意回應。事實上，送給別人「微笑」似花朵送出，手中留香。微笑帶給他人欣慰，他人亦報以相同的笑容。所以經常保持微笑對待周遭的人，必可獲取莫大正向的回饋。

(十)切忌惹事生非

　　人是一種奇怪的動物，天生喜歡聽別人的事情，尤其對男女八卦消息更是感興趣。有些人常包打聽與宣傳同事私事，此種行為極易惹人厭煩，甚至引起別人的惡言相向，導致彼此關係惡化，實得不償失。因此，在同事間應切記勿搬弄是非、惹事生非，方可確保彼此的良好關係。

　　此外，在職場中與同事相處尚應注意不要勾心鬥角、暗地攻訐打擊別人與避免金錢糾葛等。

　　總之，能將同事視為自己的朋友，並能多交往、互動，勢必可獲得他們的接納認同與協助，彼此的同事關係將更加融洽和樂，自然可嘗到「樂在工作」的甜果（陳明芳，2008）。

四、顧客關係

　　顧客分為內部顧客（internal customer）與外部顧客（external customer），所謂「內部顧客」，是相對於「外部顧客」而言，就是指企業內部結構中相互有業務交流的那些人，包括企業員工，如股東、經營者、員工。外部顧客是組織中賴以生存的元素，如：服務人員必須建立良好形象且維持優質的顧客關係。

　　四種妨礙顧客關係的陷阱為：(1)忽略關係中的依賴性；(2)形成敵對的關係；(3)缺乏主控性；(4)使用專業術語。在與顧客接觸時，應避免之。

　　處理顧客訴怨步驟，分為以下幾個要點：

　　1.向顧客報上你的名字，並保證解決他的問題。

2.向顧客致歉，不為自己刻意找理由。

3.讓顧客儘量發洩心中的不快，問他有什麼不滿意之處，不僅可以讓他消氣，自己本身也得到足夠資料，便於處理顧客問題。

4.把顧客所提出的問題寫在紙上，一來表示重視，二來便於處理。

5.把所寫下來的問題向顧客複述一下。

6.處理完畢，必須把經過通知顧客，徵詢他的反應，打一通電話或一封信，詢問他對於處理方式是否滿意。

可以角色扮演活動，體驗員工與顧客抱怨情事。

卡內基溝通與人際關係

戴爾·卡內基先生（Dale Carneigie）於1912年開始創立卡內基訓練，目前全世界已超過八十六個國家設有分支學習機構。黑幼龍先生於1987年將卡內基訓練正式引進台灣，才開始有台灣卡內基訓練。

卡內基風格的學習目標，主要包括：(1)提升自信；(2)學習融洽的人際關係；(3)學習良好的溝通能力；(4)學習正向積極的處理壓力；(5)學習卓越的領導能力。

經營融洽的人際關係與良好的溝通能力，對於個人有以下的幫助：(1)與自己做好互動，每天讓自己感覺良好；(2)與別人做好互動，受人歡迎；(3)增加自己好的影響力；(4)能用新的思維方式，產生新的觀點；(5)處理與預防衝突；(6)啟動熱忱；(7)提升自己與別人的幸福感。

良好溝通與人際關係原則，主要參考書目為《卡內基溝通與人際關係》。常常做到上述要點，自然能擁有良好溝通，增進人際關係。觀摩別人好的行為，多思考多學習，不斷地讓自己有好的改變，將想法化為行動，都是很好的方式與做法。

學習活動與意見交流

　　口語的干擾，是指那些介入流暢談話中的語音，如語氣詞、口頭禪。

想想看

※想想看，在生活中是否有過因語氣（音量）的問題而造成對方的誤會？

_____

_____

_____

※想想看，你有沒有什麼口頭禪？在談話中，你是否有過多的語氣詞呢？例如：「然後……然後……」，這對你和別人的對話是不是有什麼影響？

_____

_____

_____

延伸學習與人際語粹

◎Adams的公平理論

- 員工會比較自己和他人的工作投入與結果。
- 假如認為自己的比率與攸關對象相同時，我們會覺得公平。
- 緊張來自於感覺不公平。
- 偏低報酬造成緊張與憤怒。
- 過高報酬造成緊張與罪惡。
- 緊張的負面狀態會驅使員工有所為來修正它。

過去我們知道，決定一個人會不會罹患心血管疾病的因素有種族、年齡、膽固醇、肥胖、高血壓、吸菸、飲酒、運動量等，現在要多加一項「職場不公平待遇」。

◎什麼叫做「不公平待遇」？

- 相信自己在工作上受到歧視。
- 自己的觀點或意見遭到上司的刻意忽視。
- 工作上的相關資訊及決策被刻意隱瞞。
- 別人對自己的態度缺乏真誠或差別待遇。

職場上「不公平待遇」的影響層面，除了長期對身體造成傷害外，在個人心理層面，還可能引發負面的反應，包含自我壓抑、情感剝奪及壓力過大等。

◎正向的人際關係

在臨床上也有許多個案，因為工作遭受到歧視、忽略、排擠等不公平待遇，而引發程度不同的生理及心理的困擾，例如憂鬱症、焦慮症、恐慌症、頭痛、失眠等。另外，在職場人際關係上，也會因此而產生惡性循環。

　　我們應該用寬廣的角度來看待和同事之間的人際關係。需要先改變的人是自己。「每天早上起床後，看著鏡子告訴自己，今天是一個嶄新的開始。無論昨天發生了什麼事情，今天，願意給自己跟別人一個機會，重新建立正向的人際關係。」

　　有太多的時候，我們很難改變周遭的人、事、物，但至少我們有能力去改變我們對這些事件的看法，畢竟「困擾我們的不是事件本身，而是我們對事件的看法」。

正向的人際關係

團體中的溝通——有效
工作團體的特質

　　團體中的成員，因共同目標而組成，彼此有密切互動關係，透過語言或非語言方式，甚至以網路科技之溝通媒介，加速彼此之訊息流通，在互動中相互分享經驗或情感交流，彼此交互影響，以有效方法，完成團體目標，為有效工作團體的特質。

有效工作團體的特質與影響

一、分析有效工作團體的特質與結構

　　有效工作團體的特質，為團體的成員之角色，因職責之安排，有特定之職責，以實現團體目標為導向，成為穩定的互動關係型態，稱為有效工作團體的特質與結構。團體結構因角色（roles）的特定安排、規範

（norms）的清楚約束與成員間的工作關係（intermember relations）三大明確要項，成為工作上結構性之關係。因而以團體結構的分析，主要可包含溝通結構（communication structure）、人際親疏結構（sociometric structure）、權力結構（power structure）與角色結構（role structure）四種（王淑芬，2013）。

　　每個工作團體都有它的獨特屬性。團體工作溝通結構中，成員各司其職，各有各的職責角色，彼此間傳達訊息，主要為工作上效率之達成，而工作團體也有屬於自己的目標、結構與規範，形成管理成員行為之準則。成員在工作團體中互動、溝通、分享，成員間的思想表達，相互依存與融合，形成工作上共同的價值系統（common set of values）。這套共同的價值系統就是工作團體文化。工作團體中的人際關係互動，自然形成人際親疏與權力結構，即指工作團體中影響他人行為的一種能力。因而，自然也會產生次團體。

二、有效工作團體過程與團體氣氛

　　要瞭解有效工作團體過程，首先說明過程的意義，例如：運動、改變、行動、發展均是。因此，團體過程（group process）是指團體中的個人於一現象範疇中共同工作，以滿足工作與個人之需求，解決工作上相關問題，相互產生外顯或內隱影響力的工作經歷。

　　工作團體過程是個複雜的歷程，工作上溝通網絡之形成，起初受工作環境之影響，由環境中與較為親近的人互動開始，即指接近性原理的（proximity）延伸。

　　工作團體過程，是指團體中的領導者與成員，為達成工作目標，持續的溝通互動，形成工作上一連串的修正與改變，而大部分工作團體，

會隨工作目標之定位不同而改變，因此，工作團體是變動過程的組合與發展，具有複雜的結構模式。

　　工作團體成員，為追求目標與角色分工等，在互動與討論的過程，出現領導者角色與成員角色的互動，工作隨著團體發展而關係更趨複雜與變化。

　　團體中成員為追求共同目標或情感與利益問題，伴隨著複雜關係，有時呈現和諧狀態，有時也引發衝突。

　　Kellerman於1979年認為團體過程就是一種心理文化的改變與超越。團體開始，目標在生存與適應（何長珠，2003）。規範在其中影響團體成員的互動。當工作團體互動行為影響團體目標的完成時，通常衝突會升高，工作進行與統合過程中，必然出現衝突的現象。

　　工作團體過程的衝突，具有高度意義價值。工作團體中的問題，通常出現衝突或爭執、冷漠及不參與、不適當的領導與決策等現象，團體工作者要釐清問題，關注成員在團體中的情緒、想法及行為表現，必要時在工作團體中適度帶領工作團體的有效成長與發展。

 三、工作團體資源與服務理念

　　工作團體成員為實現團體目標與建立共識，凝聚團體共識與運用有效之資源，增進服務品質，促進工作團體績效之達成。

1.團體的專業決策、團體文化、團體領導以及成員之間對於工作團體的認知，均會影響到其與團體成員相互間的互動。
2.團體工作者需留意團體運作的條件，掌握影響團體有效運作的方式，想辦法獲得團體全體成員的支持與合作，以獲取團體工作之資源，共同實現工作團體組織的目標。

四、有效工作團體的特質

(一)成為有效率工作團體的重要因素

一個工作團體要能達成目標，成為有效率工作團體的特質，通常有下列幾個重要因素：

1. 創造利於互動的環境：營造利於互動的環境，空間與座位的安排，盡可能讓成員能在自由安全的環境中，提供更多互動與交流機會。
2. 團體的大小適當：適當團體成員人數，較能有效促進團體互動，Mill曾提過「7±2」的原則作為團體成員多寡的標準，也就是五到九人最理想（引自林萬億，2008）。
3. 具有團體凝聚力：凝聚力（cohesiveness）是指成員相互吸引，團結並願意投注在團體工作目標與任務的心理社會力。
4. 共識的團體決策：團體決策是指成員共同完成團體的工作目標所作的策略，可見團體決策經過成員審慎思考與相互交流，產生的互動共識。
5. 動態的團體成員角色：角色指的是展現個人在團體中特定地位的行為模式，即描繪團體中不同地位者應有的行為形態，有其動態性，包括規範與理想行為模式的過程，因而，角色可以說是地位呈現的動態面。

(二)有效率的團隊特質

Larson和La Fasto在1989年研究五十個有效率的團隊，發現下列八項特質是有效率的團隊特質：

1.所有團隊成員擁抱一個明確的目標。

2.明確的成員角色。

3.對角色表現給予回饋。

4.團隊成員透過他們的技藝和人際技巧來幫助團體。

5.對團隊與團隊成功的共同承諾。

6.開放溝通的合作氛圍。

7.卓越表現的標準。

8.強而有力的領導（黃鈴媚、江中信、葉蓉慧譯，2007）。

(三)提高有效率工作團體績效

以提高工作團體績效為例，方式如下：

◆優化團體組織風氣

一個組織的領導者，有責任培育優質的企業文化，積極引導團體向上的價值觀，努力營造團結、尊重、友愛、和諧、進取的組織風氣。在這種風氣的薰陶感染與互動影響下，組織內部比較容易形成開放、和諧和親近的人際關係。

◆重視人際關係培訓

組織的領導者經常關心幹部和員工的人際關係素養，鼓勵員工參與小團體工作坊或人際關係培訓，不斷地改善團體工作中的人際關係素質和人際關係技巧。為此可採用兩種方法對工作團體員工進行訓練：

第一種方法為角色扮演法，即以工作上相關情境的現實問題為例，讓員工在團體工作中扮演不同的角色，因而有機會站在不同的角色立場上處理問題，以便體驗他人的感受和需求，從而改善在團體工作中對待他人的態度。

第二種方法是敏感性訓練，即透過辦理團體工作訓練班進行群體討論，培養與提高管理人員觀察、分析、同理他人的能力，學會從別人的角度正確地看待、分析、反思自己，增加對個別差異性的包容性，促進與他人共處的能力以及解決衝突的技能。

◆有效處理團體決策

在組織內部的運作、分配、變革、決策中，不宜在團體工作中過分強調彼此差異，拉大差距；在職務和崗位的聘任工作中，既要堅持「良性競爭」，又要堅持公平考核、公開招聘；在工作中，既要強調優勝劣汰，又要強調真誠合作，靠團隊的集體力量完成工作。總而言之，決策不能偏差，藉助適度競爭活化組織效力，同時防止因過度競爭而破壞人際關係，在團體工作中，有效處理團體決策。

◆發揮領導效能作用

組織的領導者應該視野開闊，尊重人才，尊重職工，平等待人，與人真誠相處；在組織內部要發揚民主精神，讓成員暢所欲言，把問題和爭論淡化處理，以避免暗中勾心鬥角的現象發生，從而建立親密和諧的上下屬關係和扁平化團體組織層級。

◆及時調解相互合作

組織內部一旦出現人際關係失衡或破壞的情況，作為組織的領導者應責成有關部門或幹部，及時進行調解幫助，藉助組織的力量，實現人際關係的相互平衡。

綜合而論，為實踐高效率工作團隊的特質，必須在團隊工作中執行任務和維持角色，領導者引導成員凝聚共識，在工作中進行有效率的溝通，共同達成組織的願景與目標。

學習活動與意見交流

Encouraging students with interpersonal influence to pursue constructive goals: A steering committee（以人與人之間的影響鼓勵學生追求有建設性的目標：指導委員會）

　　此練習目標在透過同儕團體高影響力，來建構協助學生促進在教室學習氣氛。教師診斷造成老師與教室同儕團體間持續衝突來源的反學習、反學校態度的高勢力學生（high power student），用objective sociometric questionaires測量同儕團體的影響結構。然後指派六位有影響力的學生組成指導委員會，利用午間訓練一週，瞭解任務和團體活動的社會、情緒功能的運用。之後師生每週兩次聚會討論問題、目標、教室行為規則。經過一個月討論後，透過陪席報告（panel report）將計畫提出供全班討論。以後每兩週改選三位委員，直到全班學生均擔任過為止。一年後委員會更自主和自我調節。每次指派一位擔任觀察員說明團體成員合作工作情形。在有進步下，授權給成員討論、策劃、作課程和班級活動決策。三個月後要求學生評量做了什麼。結果發展出簡單問卷和更改任期為三週。

　　此過程有助於發展領導技能及普及學生權力與責任。顯著改變負向的學生。改變教室成為興奮、好奇、積極、溫暖的氣氛。雖有助於班級團體發展，但也很難執行成功。教師須誠實、耐心的放棄權威，明確將權力交給學生。教師應在開始就限制作決策的界線，等到學到更多技巧與發展信任後才逐漸擴大權限。

延伸學習與人際語粹

魅力型主管──卡佩利

溫格（Wenger）醫療器材為《財星》五百大企業之一，它的行銷資深副總裁卡佩利（Kevin Capelli）是典型魅力型主管，其改進工作的新方法為保護客戶的隱私，但他沒有耐心聆聽繁瑣的細節，而是注重問題的解決辦法，因此他說：「先把答案告訴我，再說明為什麼。」

卡佩利由競爭對手跳槽到溫格公司時，他和銷售經理克萊恩（Lane Kline）聆聽另一可能為雙方合作的公司之簡報時，對方飛到美國東岸與卡佩利開會，走進會議室，發現除了卡佩利和克萊恩之外，還有十餘人，全坐在U型的會議桌旁。有人彬彬有禮地問：「你們要不要把電腦接上插頭？」

顯然，在等待聆聽正式的報告，卡佩利這樣的魅力型主管，喜歡活潑自然的互動。會議室裡有一個很大的白板，幾乎占了整面牆壁，因此爭取合作的成員在白板上寫下能為客戶所作的一切，並且表示：「談談潛在之客戶，提出如何協助爭取客戶之策略。」

四十五分鐘規劃出溫格公司如何面對潛在客戶的藍圖。整場討論中，卡佩利不斷地打斷交談，提出尖銳的問題，讓與會者專注在相關的問題上研討。

在非正式的簡短分析之後，卡佩利表示想和他的團隊談談，討論方才說明的銷售程序是否適用溫格公司，因此雙方暫時離開會議室，不到十分鐘，對方就被請回去，卡佩利說：「我們打算合作。我們可以開始規劃讓員工受訓的時間。」對方沒料到他竟會當場作出決定，讓人喜出望外。

　　即使如此，對方也沒有因為卡佩利說要合作，就認為一切已拍板定案。對方回到聖地牙哥後，立刻和他的銷售經理克萊恩聯繫，寄出詳細的企劃報告，並且拷貝一份給卡佩利。過程中學到重要的第一課：在魅力型主管考慮好幾個選擇時，你務必躋身頭一個考慮和討論的對象，因為只要魅力型決策者看到他們喜歡的選擇，就會立刻下決定，在還未詳細檢視其他選項之前，就作好決策。魅力型決策者的注意力集中的時間甚短，他們想要快速解決問題，繼續向前進。

　　由溫格公司給的經驗，並不是說在面對魅力型決策者時，可以不作準備，沒有計畫。若動作不夠敏捷，這個合約可能會告吹。其中的教訓是：面對魅力型決策者，最好的做法是不受規則拘束，自由發

團體中領導與成員角色

圖片來源：葉日銘提供。

揮,開放討論。雖然你在開會前同樣也要做好功課,做好事前的準
備,但也必須鼓勵自然的氣氛和互動。

有效的做法就是準備幾幅圖表,協助澄清自己的想法,也能掌握
該說明的重心。但不必然在會議中使用確實的數據,只需要在自己的
腦中,根據魅力型決策者討論的方式把它們消化改編,然後把資料重
新寫在白板上。刺激大家在會議中的互動,也會促進自然的氛圍。

要吸引魅力型決策者的注意,論點必須簡潔有力,整體的報告必
須合乎邏輯、井井有條,不要太僵硬呆板。在會議中,隨時跳過某些
重點,以回應魅力型決策者的需求。魅力型決策者會引領你走上他們
所期待的方向,而你的任務就是要在種種岔路之間,走回正軌;你可
以在心裡或書面準備一份單子,把該提的所有重點都列上去,到會議
行將結束時,迅速瀏覽這些重點,並補充遺漏未提的部分。在整個討
論中,儘量使用下列魅力型主管有興趣的關鍵字詞:結果、證明、行
動、顯示、觀察、表現、簡單、清楚、重點、注意、迅速、立即、創
意、想像。

資料來源:Robert B. Miller, Gary A. Williams & Alden M. Hayashi (2007).

Notes

Chapter

14

領導成員角色的溝通
——領導者的特質、
成員的角色

◯ 一、領導者的特質
◯ 二、成員的角色

　　領導者的角色在於發揮影響力，促進目標的實現。在團體中扮演著一個主持人以及引導人的角色，通常總是扮演著說話人的角色，主導著說話的方向、討論的方向，因此，身為一個領導者必須適時地觀照每一位成員的動向。

　　領導者的特質通常為大方、熱情、想法成熟、有遠見、做事情可靠、對成員瞭若指掌、懂得交際手腕、能善用溝通技巧，帶領成員走向更寬廣的道路。

　　Robert在1993年提出，當團隊成員對本身工作及所屬單位感到一種歸屬感時，成員即能在相互信任的組織氣氛下參與工作、公開地進行溝通以及參與任何足以影響團隊的決策。Carr與Littman在1993年研究，提及透過員工參與團隊，可激發員工、提高員工生產力、增加員工對組織的認同感、激發工作效能，並提升員工的工作滿足。Campio等人在1993年指出，成員若認同專案團隊工作的方式，則在團隊中將獲致較高的滿足。James與Charles在1981年之研究中亦提到，員工對於組織之歸屬感會顯著地影響其工作滿意度（汪美香、黃瑞靜、詹雅雯，2003）。

　　Fred Fielder指出領導的成敗在於領導者與成員的人際關係是否良好，團體目標與任務的明確性，團體成員聽從領導者的領導及其權威性的程度的影響而定（曾端真、曾玲珉譯，1996）。

一、領導者的特質

(一)領導者的角色

　　領導者在團體中，有時扮演一個嚴肅而重要的帶領者，因此，要成為一個強力的支援者；更甚者，為當團體成員離開後，外面的人將領導

領導者的角色在於發揮影響力，促進目標的實現

者視為是一個強力領導者。領導者，為一種象徵；對於自己團體中的夥
伴而言，代表著一種精神支柱，一種行動支援，更是一種友誼支持；對
於團體外的成員而言，是一種與活動強力劃下等號的人，是一種活動、
美工、文宣、戲劇，甚至是人緣交際，有過特殊訓練的引導者；對於被
我們帶領的成員而言，我們可能更是一種崇拜、模仿、學習，甚至是在
最短時間內成為友伴甚至良師的對象。

(二)領導者的人格特質

身為一個領導者，在從事各種服務工作，在面對上千上萬的人，並
不是隨便上台說幾個笑話就算成功，總會有一些特質，是準備在台上的
時候，學習注意的要點：

1.責任心：成為一個領導者，也許是因為外力使然，必須培養領導特

質，使自己成為一個好的領導者；首先便是自己的責任心，不論是對學員，或是自己的工作成員，唯有你先對自己的工作負責，才能贏得他們的尊重，也才能要求他人完成你所交付的任務。

2.積極心：主動求取新知，並主動去做一些大家不願意做的事，不論自己在群體中扮演的角色為何，隨時隨地的注意，自己是不是可以把工作做得更好，讓自己為身邊的工作團體及工作環境注入活力。

3.親和力：無時無刻表示自己的關心，不堅持己見，並適時溝通團體的異議，使成員都樂於告訴你他們的意見與想法。

4.創造力：不要拘泥於前人的話語或行為，保持自己的風格，儘量為自己的活動增添想像力。

5.思考力：隨時思考自己的看法，做法上考量自己這樣做是不是符合成員本意，成員是不是能夠感受到自己想要表達的觀點；同時，不要一昧的反對前人的做法，思考設計的工作方案，是不是有哪些考量，引導的效果是不是能有效達成團體目標。

6.榮譽感：時時注意自我形象言行，成員有時以領導者的行為當作仿效的對象，對自己的行為，加以約束，並以此為榮，讓身邊的人知道你是值得他們學習的信賴對象。

7.幽默感：對事物保持高度的幽默感，並學習將這一份幽默感帶給自己身邊的人。

8.犧牲小我，完成大我：這是一個領導者必備的特質，因為在很多時候，身為一個領導者，必須學會以犧牲自己的時間、金錢來完成團體的帶領。

「犧牲享受，享受犧牲」在團體工作的過程中，或許是很辛苦的，也許你會懷疑，我為什麼要花時間在這裡；也許，想想自己所接觸到的這些人，想想自己可能已經在他們的心目中成為一個學習的對象，讓自己在帶領的過程中，領悟到犧牲的快樂。

以有限之資源，行無限之創造的環境，不論是金錢、物質支援，不應只是享用在物質資源中，要有服務眾人，犧牲小我完成大我的熱忱。

(三)領導者的領導技巧

從心領導人際關係技巧創造高生產力的領導者，認為領導者應該使用良好的領導技巧和熱誠，以最少的金錢、時間和資源投入，達到最好的工作產出。成功的領導者都能洞悉他人心理、建立雙向溝通、創造能夠激發人們最高生產力的環境，以及在不同的情況，面對不同的人時，能夠修正自己的行為，以因應當時的情況。綜合而言，人際關係的技巧是能夠經由學習、練習而獲得的。

人際關係技巧其實亦是四種相關能力的總稱。

1.審視評估人際互動的能力：
   (1)客觀觀察員工在工作中的表現。
   (2)設想員工為何有這些表現，才能將工作上發生事情轉換成有意義的資訊。如此更能幫助你和員工之間的互動更有效率，因為可在所有採取的行動中，選擇出最適當的一種處理模式。
2.增進溝通的策略：審視評估的技巧只是一個開端，一旦診斷出你自己或其他人的行為後，就要發展出溝通策略，使員工與你自己能進行順暢的雙向溝通、瞭解彼此想法。而這種交換想法的能力，是有效解決問題和做出決策的根本，也是最高生產力的領導者所必備的能力。
3.激勵人心的熱忱：領導者必須營造一個良好的環境，讓員工能在其中充分發揮所能，並且讓他們有動力賣命工作。當員工全力投入工作之前，他們一定會問：「這麼做對我有什麼好處？」此時領導者應要提供足夠的獎勵，讓員工願意毫無保留地將自己所有的能力和

精力全部投注在工作中。

4.通達變通的技巧：領導者將每個人都視為是獨一無二的個體，通常不以相同的方式對待每一個人，會將溝通方式及激勵人心的技巧做變通，以適合不同人的各種需求。

「領導者」應避免犯的錯誤

1.把面子、地位看得比結果還重要。

2.有意無意地結交幫派。

3.為了情面，甚至放棄原則和責任。

4.將權力看得過於重要。

5.永無休止地等待訊息以做決策。

6.不願提供看似卑微的服務。

7.為了權威而盡力掩飾自己的弱點。

8.害怕下屬取而代之。

9.不願意分享交流。

10.過於強調一致性觀點。

二、成員的角色

(一)對團隊發展之影響

隨著不同的專案團隊發展階段，成員可能需要扮演不同的角色。不同專案團隊發展階段成員之角色扮演與專案團隊認同、專案團隊績效有

關聯性。在不同專案團隊發展階段，團隊成員需扮演不同的角色，其中團隊發展期與激盪期，成員較常扮演過程導向之角色；團隊規範期與執行期，成員較常扮演任務導向之角色；至於團隊中止期，成員將同時扮演過程與任務導向之角色。

　　成員之角色扮演對於專案團隊認同與專案團隊績效均有顯著之整體影響效果。亦即，在團隊發展各階段中，不管是任務或過程導向角色扮演，均有助於成員對於專案團隊之認同與提升專案團隊績效。由此可見，資訊系統開發過程成員角色扮演，對於專案團隊運作的重要性。

　　團體的發展是個動態的歷程，團隊發展期，團隊成員間的互信度低，對於負責團隊的領導權及進行方式，持有保守觀望的態度；團隊成員雖已接受團隊的存在，仍會抗拒團隊對個人所訂定的規範與約束。此外，成員可能試探領導者的政策，因而往往產生權力衝突的爭議；團隊凝聚力強，成員對團隊認同感加深，成員間的情誼由淡薄轉為濃厚；團

團隊成員之角色扮演

隊組織開始發揮作用，團隊成員不僅專注於工作任務之達成，彼此間還存在著溝通、合作和互敬的交互模式，團隊凝聚力和成員個人對達成團隊目標的奉獻行為，能發揮綜合的效果與功效；團隊的目標已完成，但團隊成員在經過這一段共同努力之後，反而出現失落感的現象（汪美香、黃瑞靜、詹雅雯，2003）。

(二)團隊成員之角色扮演

在功能良好的團體中，成員兼具任務角色與維持角色。Klopf和Harrison在1981年認為在團隊互動過程中，團隊成員所扮演的角色可分為三類，包括任務角色、關係角色以及個人角色（汪美香、葉桂珍，2004）。其中任務角色主要是促使團隊運用新的想法或不同的觀點來推行工作，如提供資訊者（information giver）、探詢訊息者（information seeker）、監督者（expediter）及分析者（analyzer）；關係角色則側重人際間的關係，如團隊的建立與維持、關心彼此如何在一起工作建立共識，以及成員問彼此的合作；而個人角色指對個人需求而言，團體中人際關係維持，依靠成員的支持、調和及守門的角色（曾端真、曾玲珉譯，1996）。

Benne與Sheats在1948年提出團隊成員之角色行為，包括任務導向的角色（達成目標）、關係導向的角色（支持、鼓勵），以及自我導向的角色（自我中心）三類，與上述學者看法，具一致性。Benne與Sheats（1948）認為團隊若想維持良好的績效表現，成員必須同時扮演任務與關係兩項角色。而Salazar在1996年認為團隊成員所扮演的個人角色會阻礙團隊的效能與和諧，故需將個人角色歸類為團隊進程阻礙性角色（process-hindering roles），而團隊任務角色和關係角色則歸為團隊進程促進角色（process-facilitating roles）。Hersey與Blanchard在1993年則以任

務行為和關係行為來說明領導的行為，其中任務行為著重領導者引導部屬有關工作之內容、方法、目標與進度；而關係行為則是強調領導者與部屬間之溝通與訊息的交流（汪美香、葉桂珍，2004）。

學習活動與意見交流

撰寫下列與人際溝通有關的技巧，每人撰寫一種技巧，請小老師分配，依序列出，並以PowerPoint方式撰寫。參考規格：

1.定義（引用學者及出處，自己的定義）。

2.使用時機。

3.目的或功能。

4.使用原則。

5.注意事項。

6.範例說明（正反各兩例，以實際生活中遭遇的例子說明）。

如何與上司溝通

1.用老闆喜歡的方式與之溝通
2.不要表現出害怕
3.注重誠實與自信
4.注意自己的表現
5.控制自己的情緒
6.溝通前先想清楚自己要表達什麼
7.瞭解老闆的觀點
8.自我要求進步

延伸學習與人際語粹

◎當前領導的議題

　　1.情緒智能（EI）：

　　　(1)自知（self-awareness）：展現自信、實際自我評估、自嘲幽默感。

　　　(2)自我管理（self-management）：值得信任、正直誠實、坦然面對不確定、開放心胸面對變革。

　　　(3)自我激勵（self-motivation）：強烈成就魄力、樂觀、高度組織承諾。

　　　(4)同理（empathy）：專業才能建構與維持、跨文化敏感度、服務。

　　　(5)社交技巧（social skill）：引導變革的能力、說服力，領導團隊的專業技術。

　　2.團隊領導：管理團隊的外在界線與協助團隊的進程

　　　(1)與外在對象聯繫的聯絡人：高階主管、其他內部團隊、顧客。

　　　(2)紛爭的解決者：召開會議協助解決問題。

　　　(3)衝突的管理者：來源、誰、議題、解決方案、優缺點。

　　　(4)教練：釐清角色、期望、教導提供協助、提升工作績效。

　　3.道德領導：將其魅力發揮在社會建設上以服務公眾。

　　4.跨文化領導：對不同文化之解讀與領導。

　　※分組研討技巧：耐心分享資訊、信任他人、放下權威、瞭解介入時機、保持和諧、掌握平衡。

解讀不同文化

圖片來源：葉苡欣提供。

◎如何建立「領導能力」

　　當一個領導者，有責任讓成員充分的表達自己的意見，再由彼此的意見當中找到平衡點，尤其發言中，領導者不要急於表達自己的意見，而應該針對意見較弱的一方加以鼓勵發言，讓大家瞭解彼此的想法，也讓發言的人意識到自己的想法成員都瞭解，之後找尋彼此發言中的不同聲音，再由不同中找到平衡點；當然在大家一開始發表自己的意見前，就要請大家在接下來的發言時不要打斷別人的發言，要互相尊重，並試著接納不同的意見，因為所有的發言，都是為了讓這個計畫更好，所以發言的出發點都是好的，請成員多多發表自己的意見，但是請在發言的同時，所說的話，都要站在一個對事不對人的出發點，唯有對事不對人，才不會傷到彼此的和氣。

◎領導力不只是職場上重要的能力

其實在家裡也一樣需要，父母就是一家的領導人。

1992年美國總統大選，老布希輸給了柯林頓。布希的孫子當時就讀小學三年級。選情揭曉的隔天，學校裡孩子在排隊領營養午餐的時候，老師聽到一個小孩嘲笑他：「輸掉了，你爺爺輸掉了！」

老師看了很心疼，正要阻擋，只見布希的孫子面帶微笑，沒有被激怒，也沒有低頭，從容不迫地說：「我相信柯林頓也會是一個好總統。」老師聽了好感動，浮上腦海的第一個念頭就是：這個孩子的爸媽教得真好。

我相信，在布希的家庭生活裡，平常談論人事一定不是攻擊、批評，這樣的父母真的活出了領導力。

資料來源：http://web.ydu.edu.tw/~edward/treasury/choice/200/284.htm。

成功的企業執行長

· 掌握機會的能力

· 思考、溝通、領導及完成目標的能力

· 好的人際關係──「彎得下腰才是成熟，放得下身段才是高手」

「當知名企業執行長，不一定要讀名校」

～天下雜誌文章～

求職面談——面談、主試者與應徵者的責任

職場人際關係中Whetten與Cameron主張應注重和主管、同事維繫良好健全的職場關係，良好的溝通技巧是職場上與同仁成功互動的要素（黃鈴媚、江中信、葉蓉慧譯，2007）。

瞭解這個工作體系中真正掌握權力的人。除了擁有管理頭銜的各級上司之外，還包括一些掌握特殊權力及資訊的隱形掌權人士，例如總經理的特別助理、上司的秘書、工作團隊中的非正式領袖等。多觀察請教，就能更深入瞭解每個掌權者個人。

1. 瞭解當權者的個人資訊：詳細瞭解當權者的資料、工作經驗、升遷過程等。這些資料不但能幫助你瞭解公司所珍視的個人特質及人才升遷的依據，作為日後努力的參考，更能為自己提供未來和這些對象互動良好的基礎。

2. 掌握當權者之人脈網路派系：瞭解當權者的相關背景資料之後，從點到面的觀點來解讀工作環境的政治勢力，即瞭解所謂的派系。舉例而言，例如：總經理跟品保部門主管是學生時代同學，而你的上司則和財務主管有特殊情結，或王經理曾是林經理的手下敗將，而某經理則是董事長的姻親等。在這個階段，要多聽少評論，對聽到的內容不要隨意做出負面議論，否則可能在尚未做好準備之前，就捲入政治派系當中。

3. 與當權者發展良好關係：對掌權者以禮相待，維繫良好關係，是工作上重要部分，職場上以禮待人是起碼的修養與原則。發展良好的關係，並不是要你口是心非誇張地拍馬屁，因為容易適得其反，得到反效果，在自然的工作關係中，順著主管的毛順順摸，投其所好，也許更能達到與當權者發展良好關係的效果。

一、面談要項

面試是公司篩選員工的一種重要方式。面試提供公司和面談者雙向交流溝通的機會，能使相互之間增進瞭解，從而雙方可準確做出聘用與否、受聘與否的決定。因而，面談為職場工作中重要之一環，準備過程包含：準備接受面談、練習面談、進入面談、面談結束與後續聯絡等要項。

(一)準備接受面談

面試者應事先對面試作好計畫安排，切忌毫無準備就開始參加面試。準備之文件如下：

1. 應徵函或求職信：應徵函（cover letter）重點在以簡明扼要而清楚條理表達對工作意願之信函。而求職信是寄給有權力決定僱用你的負責單位對象或負責人。
2. 履歷表：履歷表（resume）必須包括聯絡人之姓名、地址、電話號碼、電子信箱之基本資料，以及專業項目之職業目標、學經歷、教育背景、興趣專長、自傳、服役、專業團體與社區服務等項目。

(二)練習面談

展現自己最優秀的一面，最好能做面談練習。練習各種可能的問題，認真的思考應答。進行角色扮演，並分析自己之長項，適度自然表達。

面試提供公司和面談者雙向交流溝通的機會

(三)進入面談

在面試過程中，要以一種輕鬆自由的氣氛應答，以利能力充分表現發揮。掌握面試的內容、方向和進度。對必要的問題要深入探究。在面談進行時，應適時的回答主試者的問題，並表達應徵此工作的誠意與積極的態度。無法回答的問題，則誠實以對。

(四)面談結束與後續聯絡

在面談結束後可陸續查詢面談的結果，或是寄上卡片、信函、電子郵件以感謝對方提供面談的機會，在查詢過程中可再一次表達個人強烈想加入此工作行列的意願。

二、面談的種類與形式

在面對正式的面試問題時，應徵者常顯得不知所措，面試過程中，是否有合理的反應和對答是錄取與否的關鍵。

(一)面談的種類

2006年依據Robert E. Ployhart、Benjamin Schneider與Neal Schmitt等三人的見解，將面談的種類大致分下列三種（吳復新，2008）：

1.情境式面談：此種面談所問的問題屬於未來式的，以假設某種情境，詢問面試者如何處理，以回答問題預測未來的工作績效。
2.行為式面談：此種面談的問題屬於過去的或歷史的，以經驗為基礎。要面試者敘述在過往的經驗中，如何處理這些情況。用過去的行為預測面試者未來的行為。
3.知識性面談：在此種面談中，主要問題集中在瞭解面試者所具備的工作知識程度，這些問題是以工作分析為基礎，包含工作知識、事實的知識、程序性的知識。

(二)面談的形式

面試是評量人員能力素質的一項評估活動。具體而言，面試是一種經過組織精心安排與設計，在特定場景，以評估者對面談者的面對面交談與評鑑的方式，評量面談者的知識、能力、經驗等有關素質的一種測量活動。

以面試的具體形式而言，分述於下：

1. 個別面試：即面談者與面試人員一對一面對面地交談，這種形式，雙方較能建立親近的關係，加深相互瞭解。但由於只有一個面試人員，所以決策時，流於主觀，缺乏客觀性，難免失之偏頗。

2. 小組面試：通常由二至三個人組成面試小組，對參與面談者分別進行面試。面試小組可由人事部門及其他專業部門的人員組成，從多種角度對應招者進行考察，提高評估與判斷的準確性，較能減少個人的偏見。

3. 成組面試：通常由二至三人組成面試小組，同時對幾個應招者，可能安排五到六個面試者，同時進行面試。在面試人員的引導下，完成一些測試和評估。過程中，對應試者的邏輯思維能力、解決實際問題的能力、人際交往能力、領導能力等進行多項測試，以便做出客觀的用人決策。

三、面談的主要內容

面談的主要內容包含：儀表風度表現、求職意願動機、職場倫理觀念、積極進取態度、專業知識能力、工作實踐經驗、口語表達能力、綜合分析能力、反應應變能力、人際交往能力、自我控制能力、興趣專長嗜好等相關問題。

1. 儀表風度表現：包含應試者的體格、外貌、儀態、舉止、精神狀態等。一般而言，國家公務員、教師、公關人員、企業經理等職位，對儀表風度的要求較高。儀表端莊、衣著整潔、溫文有禮的人，通常處事具有規律，自律性較高，做事負責任。

2. 求職意願動機：瞭解應試者為何希望獲取工作，對工作最感興趣之部分，在工作中追求之價值，以判斷求職者是否適合提供之職位，

或工作條件能否滿足其要求和期待。

3.職場倫理觀念：瞭解應試者對倫理觀念與職場工作的態度；在過往學習或職場工作中所表現之態度，在兩難的工作情境中，觀察應試者的職場倫理觀念持有之程度。

4.積極進取態度：積極進取態度強烈的人，較能確立職場上的工作目標，能積極努力表現在工作中，不容易安於現狀，因而工作上常有創新之表現。

5.專業知識能力：瞭解應試者掌握專業知識的深度與廣度，運用專業知識的靈活性和實務性，評估其專業知識是否符合職位的要求所需。

6.工作實踐經驗：以應試者的個人簡歷或求職履歷表，提出職場相關的問題。瞭解應試者相關工作背景與情況，以驗證其所具有的工作基礎經驗與先備能力，透過工作經歷與經驗的瞭解，評斷應試者的責任感、主動性、思考力及處事的條理性等。

7.口語表達能力：面試中應試者是否能夠將自己的思想、觀點、意見或建議順暢地用口語表達。考量的重點包括：表達的合理性、準確性、肯定性、音質、音色、音量、音調等，亦是口語表達能力的重要要項。

8.綜合分析能力：面試過程中，評估應試者是否能對主考官所提出的問題，運用分析能力，掌握問題與回答之本質，並能全面分析、條理清晰、說理透澈的回答問題。

9.反應應變能力：觀察應試者對主考官的問題是否準確理解，評量回答的明智性、機靈性、迅速性、準確性等。以判斷面試者對於問題的反應是否機智敏捷、應答如流。

10.人際交往能力：在面試中，透過詢問應試者經常參與之社團活動，喜歡互動的人，在各種社交場合扮演的角色與表現，以瞭解

應試者的人際交往現象和與人相處的人際交往能力。

11.自我控制能力：自我控制能力對於工作人員十分重要。在工作上遭遇到批評指責，面對工作有壓力或是利益衝擊時，能夠冷靜、理智地處理，不因情緒波動而影響工作。

12.興趣專長嗜好：瞭解應試者工作之餘從事之休閒與運動，喜歡閱讀之書籍與參與之活動，喜歡什麼類型的電視節目，以瞭解應試者個人的興趣專長嗜好與愛好。

面試時主考官通常會向應試者介紹擬聘職位的情況與要求，有時也談論有關工作待遇、相關福利等，以及回應應試者可能問到的其他問題等。

以面試趨向而言，走向豐富化的形式，從單獨面試到集體面試、從一次性面試到分階段面試，從非結構化面試到結構化或半結構面試，從常規面試到引導演講、角色扮演、案例分析、小組討論等情景面試。提問的彈性化，由簡單的口述形式，到問題圍繞測評的情景與測評的目的而隨機出現的。綜合總體行為表現及整個素質評分之評定，充分展現面談的多面向與動態性的特點。近年來面試結果的處理，逐漸標準化、規範化，基本上趨於表格式、標準化分數形式等。面試評估內容趨於全面化與全方位的評估。

四、面談中使用的問題

面試成功真正的關鍵，不在技巧而在態度，面對人生各種事情的態度，唯有能改變態度，面試才有成功的機會。

參加面試的時候，緊張難免，要克服腦筋一片空白與回答的問題不周全，即應該在面試前做萬全之準備，針對面試官可能發問的題目，事

面試成功真正的關鍵不在技巧而在態度

先研擬答案,才能發揮表現應有的實力。以下準備最常使用的面試問題與應答綱要:

(一)簡短自我介紹,談談你自己

在進入面談細節前,大致說明自己過去的背景與工作經驗。介紹自己的人生經歷經驗趣事,當然越豐富的人越值得吸引,可以準備約一分鐘的內容,點出目前職位,擅長的領域,把重點放在最近一份工作。除了專業技能外,態度是首要的,注意第一印象和接觸態度,重要的是中庸地表達自己的自信與專業。

(二)參加公司面試的動機與理由

重點在評估求職者對公司及職務是否真的具有熱情。

答案要專注在工作角色與工作內容最吸引你的地方，表達除了學習自己專業技能外，該公司在業界風評頗佳，希望能進入公司成為員工，有機會奉獻學習推動企劃，希望公司可以給我這種絕對熱誠工作者一個機會，實現自我。表達樂於工作，專注工作的特質。

(三)離開上份工作的原因與想法

一般求職者的模範回答是，因為想要尋找新的挑戰。但只有在你很清楚你應徵的工作能給你什麼挑戰，以及這些挑戰是你目前的工作或上一份工作所無法提供的時候，這個回答聽起來才有真實性。你也可以回答你打算搬家、公司財務狀況不穩定等，原則是不要抱怨你過去的主管和同事。如果求職者目前是失業狀態，則可以詢問「從失去工作到現在，你做了什麼事情？」以瞭解他的個性是否積極。回答重點為失業時不斷地充實自我，閱讀學習與參與相關工作的活動與經驗。

(四)勝任這份工作的能力與表現

這是表現自己的好機會，也是整場面試的重要關鍵。如果連自己都無說服你應該得到這份工作，面試官也會存疑。這時應該好好準備這個問題。堅定自信的回答包括專業方面技能和過去績效，自然連結到目前要應徵的職缺。態度上希望更精進以及瞭解更深入的事物，以及把事情做到完善。

(五)某段工作經歷的挫折與成功

　　觀察求職者的工作經歷，推測他的工作風格。瞭解求職者如何定義成功。面試官通常依履歷詢問工作上如何解決問題，包含工作專案、面對客戶、解決問題的工作實際案例。需儘量事前想妥，免得面試一時想不到實際案例。回答重點為在之前的工作中，對公司最大貢獻是在客人眼中做出好口碑，員工就是招牌，招牌就要以服務熱誠做到人人稱讚。考慮這份職缺所需要的能力，以及可能遇到的挑戰，思考過去的工作經驗中，面對挫折問題與成功解決的能力證明。

(六)得到這份工作後的目標與期待

　　面試官想知道應徵者如何設定目標，有沒有足夠的野心，實際表明在做決策之前，需要時間瞭解團隊與目前的工作方法，試圖找出有待改善之處，回答需具體可行。

(七)得到這份工作期待的薪資

　　求職者若被問到這題，大部分的人都沒有準備。如果你沒有事先研究，你可能會得到高於或低於能得到的薪水。務必調查市場上這份職缺的薪資概況，不要讓不好意思談待遇的心態，阻礙合理之薪資獲得。

(八)在利益衝突或不道德的情況中，你會如何反應

　　道德感應該是選擇過程的最重要關鍵元素。回答會以道德為先，因為在現在社會中最重視的是職場道德倫理與規範。

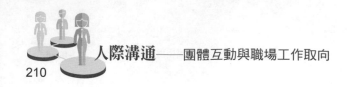

(九)你最不喜歡哪種工作環境

如此詢問，通常會比「你最喜歡哪種工作環境？」可以獲得更多的瞭解。通常可以回答：我最不喜歡髒亂不堪的環境，最喜歡整潔乾淨衛生規劃的環境，而最滿足的是在工作中能認真工作，下班後放鬆心情的心理感覺與環境。

(十)你最喜歡的主管以及從前的同事會如何形容你

主要在瞭解應試者的特質與他人眼中的自己。參考答案為：「工作上他們都會形容我像傻子，個性隨和，易於與人和樂相處，凡事都認真看待，工作上勤奮努力，能持之以恆。」

面談的原則與建議

實際來講面談沒有一定成功必備的方法，下列提供幾項原則與建議：

1. 謙虛：保持謙虛自然態度。
2. 自信：注意談吐自信回答。
3. 笑容：臉上隨時掛著笑容。
4. 放鬆：氣氛保持輕鬆自在。

五、主試者的責任與應徵者的責任

決定面談程序包含：(1)開場部分；(2)主題部分：需謹慎呈現自己，不浪費時間、不敵對、不違法；(3)發問與結束部分。

(一)主試者的責任

1.結構的主持面談。
2.謹慎的引導問題。
3.正確的時間管控。
4.避免不明確或暗示性的問題。
5.避免違反法令。
6.讓應徵者有機會發問。

(二)應徵者的責任

◆面談前

1.面談前的準備：應徵函、履歷表、面談練習。
2.準備接受面談：準備、準時、集中精神、思考時間、詢問、展現熱誠、薪資、福利。

◆面談時

在面談時應徵者的責任首要為表現得宜之禮貌，應特別注意以下幾點：

1.面談要準時：準時是見面的首要原則，最早影響面試主管，如果面

試遲到，會因為還沒見面，就留給面試主管一個不好的印象，讓面試主管認為應徵者不重視這場面試，甚至認為你的生活習慣不好，所以面試時，一定要早到，千萬不可遲到。

2.見面先問候：進門前先敲門，聽到允許再進門，見到面試官時禮貌問好，若面試官後來進來，要立即起立，點頭微笑以示尊重。

3.手機請關機：面試中手機鈴響是沒有禮貌的行為，即使是振動模式也會有所影響，避免情境干擾，手機務必請關機。

4.坐姿要端正：坐姿要端正，雙手應輕放腿上或桌上，不要隨意晃動，盡可能給面試主管一個端莊認真謹慎的印象。

5.回答不搶話：對正在說話的人，搶話回答是非常沒有禮貌的舉止，面試主管留下不好印象，再好的回答也是於事無補，切記回答不搶話。

6.結束後感謝：面試結束後要離開前，應向面試主管道謝，簡單鞠躬、敬禮、道聲謝謝，如果這次面試留下很多的啟發與指導，那麼除了道謝以外，能夠真誠地說出心中的感受與收穫，將會劃下完美的句點與結束。

應徵者於面談時要表現出得宜之舉止

學習活動與意見交流

　　想一想，你跟他人溝通時，有多少時候對方是用不具體的語言，以致你無法理解對方的意思呢？

　　如何達到具體特定的溝通？

　　具體特定的溝通方式是──明確地指出特定的項目，或者是將抽象的想法具體化，這樣可以幫助對方勾畫你心中的圖像。

一、步驟

　　1.評估你所用的句子是否具體？並將特定的事項指出來？

　　2.在說出口之前，想一想，還有沒有其他的說法？

　　3.選用特定具體的文字。

二、指標

　　我們在表達意思時，往往會闡述一段事實，但是在闡述時，往往會忘了說明當時的參照架構，然後就產生了對方的誤解。例如：

　　小明好可惡喔！

　　大雄好有女人緣喔！

　　對於以上兩句你有何詮釋呢？

　　小明是一個很討厭的人嗎？大雄是一個很花心的人嗎？

(一)時間指標

　　幾乎每件事情都會隨著時間改變，所以在溝通時別忘了註明參照的時間。例如：

　　大雄在小時候，很多阿姨都喜歡他。（所以他小的時候很有女人緣，但是很可能隨著歲月的摧殘，現在⋯⋯）

　　＊註明時間的技巧

　　註明時間：指出事實發生的特定時間，避免用不變的語詞來說明變動的事情。

步驟：

1.描述前考慮事實存在的確實時間。

2.如果不是依據現在的資訊，則要說出確實的時間。

(二)推論

我們有時所說的話是經由推論的，若沒有把推論的訊息傳達出來，往往會造成誤會。例如：

小明那天打網球的時候，放小球，害我都打不到，他好可惡！（所以就可以瞭解小明為何可惡，而不會讓人誤會小明是一個令人討厭的人）

*註明指標的技巧

在心理或口語上注意個別差異，在說出推論前，請想一下特定性，將推論的訊息一併說出，避免以偏概全。

步驟：

1.描述前，考慮是否屬於特定的狀況。

2.將自己推論的依據以及狀況的特定性一併說出。

(三)適當性

說話要因地因人因時制宜，配合對方，說出對方能理解的話。例如：對於不懂中文的外國人，你是無法用中文跟他溝通的，這時你可能就要用破破的外國話（英文）或是透過比手畫腳來與他溝通。瞭解對方的思考與用語，選用恰當的語言表達你的意思。

*適當性的技巧

選用適合對方與當時交談情境的語言可增加雙方的互動。

步驟：

1.評估所使用的字眼是否適當。

2.暫停一下，想一想是否有其他可能的用語。

3.選用恰當的用語。

說話要因地因人因時制宜，配合對方，說出對方能理解的話

延伸學習與人際語粹

　　西方有句諺語：「上帝永遠幫助那個能幫助自己的人。」在人的一生當中，每個人都會遭遇到挫折或不如意的事，所謂「不如意事，十常八九」，有時真不知道該如何去抉擇，但又不得不冒險去抉擇，因為在危險的背後往往是隱藏著轉機，所謂「置之死地而後生」，為此，每當危機來臨時，為了追求永恆的生命，必須無所懼怕，不逃避，勇敢地去面對挑戰，這樣才能幫助自己成長，從中也幫助別人發揮高度的創造力，化危機為轉機。讓所有的危機都成為我們生命中成長的契機來美化我們的人生。

生命的軌跡

圖片來源：葉日銘提供。

參考書目

中文部分

井敏珠（2012）。〈人際衝突〉。取自http://www.doc88.com/p-388779718394.html

方紫薇（1991）。〈團體評估與團體研究（下）〉。《諮商與輔導》，61，27-32。

王文秀（1990）。〈團體輔導的治療因素〉。《諮商與輔導》，54，32-35。

王淑芬（2009）。《國小學童知覺教師教學領導與班級團體動力關係之研究》。國立屏東教育大學，屏東市，未出版之碩士論文。

王淑芬（2013）。〈社會團體工作期中重點整理〉。取自http://blog.udn.com/LingLongLong/7438280

王淑俐（2000）。《人際關係與溝通》。台北市：三民。

王連生（1997）。〈親師合作樂無窮——論親師溝通理念與技巧〉。《班級經營》，2(1)，5-9。

卡內基、黑幼龍主編，詹麗如譯（2007）。《卡內基溝通與人際關係》（*How To Win Friends & Influence People*）。台北市：龍齡。

伍志銳（2002）。〈論政法機關領導的權力影響力和非權力影響力的有效運用〉。《經濟與社會發展》，8，23-25。取自http://www.cqvip.com/qk/87674x/200208/1001392472.html

朱森楠（2012）。《國中生教育復原力模式之驗證研究》。國立師範大學，台北市，未出版之博士論文。

江宗庭（2006）。〈創新團隊的特質與風格〉。《捷運技術半年刊》，34，185-188。

何長珠（2003）。《團體諮商心理團體的理論與實務》。台北市：五南。

佚名（2015）。〈特別的環境問題〉。《小學生學習指導：中年級》，9，1-1。

吳武典、洪有義、張德聰（2010）。《團體輔導》。台北市：心理。

吳武典、洪有義、張德聰等編著（1996）。《團體輔導》。新北市：空大。

吳復新（2008）。〈面談的分析〉。《空大學訊》，396，50-54。

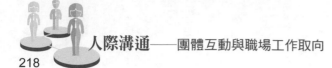
宋鎮照（2000）。《團體動力學》（初版）。台北市：五南。

李玉嬋（1995）。〈小團體輔導的歷程及其產生的有效治療因素〉。《諮商與輔導》，109，6-12。

李良達（2016）。〈與顧客的溝通技巧〉。取自http://www.doc88.com/p-0052952196170.html

李英明（1986）。《哈伯馬斯》。台北市：東大。

李郁文（1998）。《團體動力學：群體動力的理論與實務》。台北市：桂冠。

李郁文（2001）。《團體動力學——群體動力的理論、實務與研究》。台北市：桂冠。

汪美香、黃瑞靜、詹雅雯（2003）。〈專案團隊形成階段成員之角色扮演對團隊認同與團隊績效之影響〉。人文、科技、e世代人力資源發展學術研討會，2003年10月。

汪美香、葉桂珍（2004）。〈資訊系統專案團隊成員互動型態之探索〉。《台大管理論叢》，14(2)，79-108。

周崇儒（2003）。〈淺析組織溝通的原則〉。《中等教育》，54(2)，144-157。

延德（2009）。〈做舌頭的主人〉。《閱讀與鑑賞：中旬》，11，28。

林振春、王秋絨（1992）。《團體輔導工作》。台北市：師大書苑。

林萬億（2008）。《團體工作——理論與技術》。台北市：五南。

林燦煌（2016）。〈溝通與表達〉。取自http://www.taodocs.com/p-47499943.html

林寶島、石芳瑜（2004）。《讀心術：瞭解九型人格》。台北市：良辰。

武文瑛譯（2003），Stewart L. Tubbs、Sylvia Moss著。《人際溝通》。高雄市：麗文。

洪英正、錢玉芬譯（2003），Joseph A. DeVito著。《人際溝通》。台北市：學富。

洪寶蓮（2000）。〈團體輔導效果探討〉。《諮商與輔導》，174，2-7。

胡文惠（2004）。《行政組織中團體盲思現象的初探》。國立政治大學，台北市，未出版之碩士論文。

胡愈寧、葉肅科（2013）。《人際關係與溝通：瞭解溝通技巧》。台北市：華立。

夏林清，麥麗蓉譯（1987），John B. P. Shaffer著。《團體治療與敏感度訓練——

　　歷史、概念與方法》。台北市：張老師。

徐震、林萬億（1983）。《當代社會工作》。台北市：五南。

高宣揚（1991）。《哈伯馬斯論》。台北市：遠流。

張春興（1991）。《現代心理學》。台北市：東華書局。

張景媛（2000）。《教育大辭書》。台北市：國家教育研究院。

張春興（2003）。《心理學原理》。台北市：東華書局。

張德銳、王淑俐、高紅瑛、賴志峰、李俊達、黃柏翔、吳美金、梁靜珊、蔡
　　美錦、楊麗華、蕭淑端、鄧美珠、楊士賢、詹季燕、余瑞陽、施博惠
　　（2005）。《人際關係與溝通——促進教師專業發展》。台北市：高等教
　　育。

張德聰、周文欽、張景然、洪莉竹（2009）。《輔導原理與實務》（二版）。台
　　北市：心理。

張衛（2007）。〈當代西方社會衝突理論的形成及發展〉。《世界經濟與政治論
　　壇》，5，117-120。取自http://www.cqvip.com/read/read.aspx?id=26637779

戚樹誠（2002）。「經理人的衝突解決意圖之研究——一項美台之比較研究（研
　　究計畫）」。台北市：國立台灣大學工商管理學系。

許臨高（2016）。《社會團體工作：理論與實務》。台北市：五南。

陳明芳（2008）。〈人際互動第31期如何與同事相處〉。取自http://www.3wnet.
　　com.tw/strategy/default.asp?INDEX=31。

陳彥豪譯（1999），Mark L. Knapp、Judith A. Hall著。《非語言傳播》。台北市：
　　五南。

陳若璋、李瑞玲（1987）。〈團體治療與諮商研究的回顧與評論〉。《中華心理
　　衛生學刊》，3(2)，179-215。

陳皎眉（2004）。《人際關係與人際溝通》，頁66。台北市：雙葉。

陳皎眉（2011）。「人際關係與人際溝通簡報」。取自http://wenku.baidu.com/
　　view/b7d6d0eff8c75fbfc77db2c9

陳皎眉、王叢桂、孫蒨如編著（2002）。《社會心理學》。新北市：國立空中大
　　學。

曾保彰（2007）。〈服務導向架構（Service-Oriented Architecture, SOA）簡介〉。
　　取自http://www.cc.ntu.edu.tw/chinese/epaper/20070620_1008.htm

曾端真、曾玲珉譯（1996），Rudolph F. Verderber、Kathleen S. Verderber著。《人際關係與溝通》。台北市：五南。

曾慶豹（1998）。《哈伯瑪斯》。台北市：生智。

游梓翔、溫偉群、劉文英譯（2012）。Julia T. Wood著。《人際關係與溝通技巧》（第二版）。台北市：雙葉。

黃培鈺（2011）。《人際關係與溝通》。台北市：新文京。

黃惠惠譯（1987），Ronald B. Adler、Neil Towne著。《心聲愛意傳千里》。台北市：張老師。

黃愛靜（1995）。《如何識破身體語言》。台北市：精美。

黃瑞祺（2001）。《批判社會學》。台北市：三民。

黃鈴媚、江中信、葉蓉慧譯（2007），Kathleen S. Verderber、Rudolph F. Verderber、Cynthia Berryman-Fink著。《人際關係與溝通》。台北市：前程。

楊洲松（1998）。《李歐塔後現代知識論述及其教育意義》。國立台灣師範大學博士論文，未出版。

楊深坑（1997）。《溝通理性、生命情懷與教育過程——哈伯瑪斯的溝通理性與教育》。台北市：師大書苑。

楊瑩（2000）。〈衝突理論〉。《教育大辭書》。取自http://terms.naer.edu.tw/detail/1313997/

賈芳（2008）。《論跨文化非語言交際在外語課堂教學中的研究和應用》。河北大學，未出版之碩士論文。

管秋雄（2007）。《人際關係與溝通》。台北市：華立。

劉焜輝主編（2012）。《輔導原理與實務》。台北市：三民。

潘正德（1985）。《團體動力學》。台北市：心理。

潘正德（2000）。〈團體結構〉。《教育大辭書》。取自http://terms.naer.edu.tw/detail/1312967/

蔡銘津（2013）。〈人際關係與說話藝術PPT〉（dashu.kcg.gov.tw/upload/Files/20130107114719--1.ppt）。

蔡鴻濱、郭曜棻、陳銘源（2012）。《團體溝通的理論與實務》。台北市：揚智。

鄭君仲（2005）。〈避開決策陷阱，讓決策變合理〉。《經理人月刊》，11

（2005年6月），64-69。

鄭佩芬編著（2014）。《人際關係與溝通技巧》。台北市：揚智。

鄭慧傑（2004）。〈換個角度戴安全帽〉。《中國人才》，10。取自http://www.
cnki.com.cn/Article/CJFD2004-CRGZ200410047.ht

閻建政、衛萬里（2011）。〈組織溝通要素對組織溝通效能及設計績效之影
響〉。《設計學報》（*Journal of Design*），16(2)，2011年6月。

龐麗琴（2014）。「溝通與技巧簡報」。取自http://csdiback.kcg.gov.tw/FileUpload/
104037%5C1_%E9%BE%90%E9%BA%97%E7%90%B4_%E6%BA%9D%E9%8
0%9A%E8%88%87%E6%8A%80%E5%B7%A72014.pdf

英文部分

Adams, J. S. (1966). Inequity in social exchange. *Advances in Experimental Social Psychology, Vol. 2*, 267-299. New York: Academic Press.

Adler, R. B., & Rodman, G. R. (2009). *Understanding Human Communication* (10th ed.). New York: Oxford University Press. Henk Westerik.

Argyle, Michael (1975). *Bodily Communication*. NY: International Universities Press.

Bales, R. (1950). *Interaction Process Analysis*. Reading, MA: Addison-Wesley.

Benne, K. D., & Sheats, P. (1948). Functional roles of group members. *Journal of Social Issues, 2*, 42-47.

Bradbury, T. N., & Fincham, F. D. (1992). Attributions and behavior in marital interaction. *Journal of Personality and Social Psychology, Vol. 63*(4), Oct 1992, 613-628.

Bradbury, T. N., & Fincham, F. D. (1991). A contextual model for adcancing the study of marital intneraction. In G. J. O. Fletcher & F. D. Fincham (Eds), *Cognition in Close Relationships* (pp. 127-147). Hillsdale, NJ: Lawrence Erlbaum Associates.

Carnegie, Dale (1936). *How to Win Friends and Influence People*. New York: Simon and Schuster.

DePaulo, B. M. (1992). Nonverbal behavior and self-presentation. *Psychological Bulletin* (Washington: American Psychological Association), *111*, 203-243.

Dudley D. Cahn (1990). *Conflict in Intimate Relationships*. New York: Guilford.

Dudley D. Cahn (1990). *Intimates in Conflict: A Communication Perspective*. NJ: Lawrence Erlbaum Associates.

Erving Goffman (1959). *The Presentation of Self in Everyday Life*. New York: Anchor Books.

Fisher (1978). *Communication Year Book 3*. International Communication Association.

Fisher, D. (1996). Iterative optimization and simplification of hierarchical clusterings. *Journal of Artificial Intelligence Research, Volume 4*, 147-178.

Geroge, R. C., & Durstin, D. (1988). *Group Counseling Theory and Practice*. Englewood Cliffs, N. J. Prentice Hall.

Habermas, J. (1979). *Communication and the Evolution of Sciety*. Boston: Beacon Press.

Habermas, J. (1992). Modernity-An incomplete project. In Patricia Waugh (ed.). *Postmodernism: A Reader*, 160-170. London: Edward Arnold.

Henley, N. M. (1977). *Body Politics: Power, Sex and Nonverbal Communication*. NJ: Prentice Hall.

Hersey, Paul & Blanchard, Kenneth H. (1993). *Management of Organizational Behavior: Utilizing Human Resources* (6th ed.). Englewood Cliffs, NJ, US: Prentice-Hall, Inc.

Homans, G. C. (1950). *The Human Group*. New York: Harcourt Brace Jovanovich.

Homans, G. C. (1974). *Social Behavior: Its Elementary Forms* (Rev. ed.). New York: Harcourt Brace Jovanovich.

Joseph P. Forgas (2013). Don't worry, be sad! on the cognitive, motivational, and interpersonal benefits of negative mood. *Current Directions in Psychological Science, Vol. 22*, No. 3, June 2013, 225-232.

Joseph P. Forgas & Hui Bing Tan (2013). Mood effects on selfishness versus fairness: Affective influences on social decisions in the ultimatum game. *Social Cognition, Vol. 31*, No. 4, pp. 504-517.

Kivligham, D. M., & Mullison, D. (1988). Participants` perception of therapeutic factors in group counseling: The role of interpersonal style and stage of group development. *Small Group Behavior, 19*(4), 452-468.

Klopf, Gordon J. & Harrison, Joan (1981). Moving up the career ladder: The case or mentors. *Principal, 61*(1), Sep. 1981, 41-43.

Lewin, K. (1951). *Field Theory in Social Science*. New York: Harper.

Mayer, R. E. (1987). *Educational Psychology Approach*. Bosten: Little Brown.

Northen, H. (1969). *Social Work with Groups*. New York: Columbia University.

Ployhart, Robert E.; Schneider, Benjamin; Schmitt, Neal (2006). *Staffing Organizations: Contemporary Practice and Theory*, 3rd ed. Mahwah, NJ, US: Lawrence Erlbaum Associates Publishers.

Robert B. Miller, Gary A. T. Williams, & Alden M. Hayashi (2007). *The 5 Paths to Persuasion: The Art of Selling Your Message*. PA: Kogan Page.

Robbins, S. P. (2005). *Organizational Behavior* (11th eds.). Prentice Hall.

Salazar, A. J. (1996). An analysis of the development and evolution of roles in the small group. *Small Group Research, Vol. 27*, No. 4, November 1996, 475-503.

Sarah Trenholm & Arthur Jensen (2008). *Interpersonal Communication*. New York: Oxford University.

Shannon, Claude E., & Weaver, Warren (1949). *The Mathematical Theory of Communication*, pp. 5-98. Urbana, Ill.: University of Illinois Press.

Thibaut & Kelly (1959). *The Social Psychology of Groups*. NY: John Wiley & Sons.

Tuckman, Bruce W., & Jensen, Mary Ann C. (1977). Stages of small-group development revisited. *Group & Organization. Management*, 2(4), 419-427.

Verderber, R. F., & Verderber, K. S. (1995). *Inter-Art Using Interpersonal Communication Skills* (7th. ed). California: Wadsworth.

W. Livingston Larend (2010). Father Forgets. https://www.youtube.com/watch?v=Gig8KkpsWvI.

Wood, J. T. (2006). *Interpersonal Communication*. CA: Thomson Wadsworth.

Yalom, I. D. (1985). *The Theory and Practice of Group Psychotherapy* (3rd ed). N. Y.: Basic Books. Inc. Publishers.

Zimbardo, P. G., & Gerrig, R. J. (1999). *Psychology and Life* (15th ed.). Boston, MA: Allyn and Bacon.

人際溝通相關網站

在工作的人際溝通Interpersonal Communication on the Job.

    http://www.natcom.org/research/Roper/how_Americans_communicate.htm.

在多元文化世界的溝通Communicating in a Multicultural World.

    http://www.sccr.org/.

    http://www.ilr.cornell.edu/library/subjectGuides/workplaceDiversity.html.

不好的人際溝通是造成離婚首要原因Poor Interpersonal Communication as the Number One Cause of Divorce.

    http://www.natcom.org/research/Roper/how_Americans_communicate.htm.

父親在兒童社會化中的作用The Role of Fathers in Socializing Children.

    http://www.acfc.org

    http://www.hsrc.ac.za/fatherhood

依戀風格和關係和電視特性Attachment Styles and Relationships with Television Characters.

    http://www.casel.org/home/indes.php.

一個GLAAD自我概念A GLAAD Self-Concept.

    http://www.glaad.org/.

種姓計數Caste Counts.

    http://www.hrw.org.

跨文化看性別認同A Cross-Cultural Look at Sexual Identity.

    http://vos.ucsb.edu.

改善你的自我概念Improving Your Self-Concept.

    http://mentalhelp.net.

真相，全體真相，並沒有什麼只是真相The Truth, the Whole Truth, and Northing but the Truth.

    http://www.usdoj.gov.

聊天室的禮儀Chat Room Etiquette.

    http://ga.essortment.com/chatroomsetiqu_riss.htm.

其中黑色是黑人英語？Which Black's Black English?.

> http://www.diasporalinks.com/Social/Communities/.

> http://www.melanet.com/clegg_series/ebonics.html.

失去先機Missing the Boat.

> http://www.rong-chang.com/.

職場中非語言溝通的文化差異Cultural Differences in Workplace Nonverbal Communication.

> http://www.executiveplanet.com/community/.

飲食失調的幫助Help with Eating Disorders.

> http://www.anad.org.

對於進一步的思考和討論For Further Thought and Discussion.

> http://www.haptics-e.org.

> http://members.aol.com/nonverbal2/index.htm.

> http://www.travelchinaguide.com/shopping/silk_carpet/style.htm.

Mpre關於傾聽技巧的發展Mpre on Developing Listening Skills.

> http://www.csbsju.edu/academicadvising.html.

> http://www.mindtools.com/memory.html.

在工作之情緒智商Emotinal Intelligence on the Job.

> http://www.elconsortium.org.

> http://eqi.org.

什麼是你的EQ（續）What's Your EQ? (Continued).

> http://www.utne.com/azEQ.tmpl.

艾利斯之行動Albert Ellis in Action.

> http://www.rebt.org.

對話和做：貼近之替代路徑Dialogue and Doing: Alternate Paths to Closeness.

> http://www.diversityinc.com.

對於殘疾人士溝通原則Guidelines for Communicating with People with Disabilities.

> http://www.axiscenter.org.

寬恕的溝通方式The Communication of Forgiveness.

> http://www.forgivenessweb.com/.

對於進一步的思考和討論For Further Thought and Discussion.

　　http://www.friendship.com.au/.

性病的事實Facts about Sexually Transmitted Diseases.

　　http://www.cdc.gov/ncidod/diseases/hepatitis/b/fact.htm.

採取安全性行為PRACTICE SAFER SEX.

　　http://www.cdc.gov.

與地理分隔應對Coping with Geographic Separation.

　　http://www.geocities.com/lysh19.

對於進一步的思考和討論For Further Thought and Discussion.

　　http://www.cdc.gov.

　　http://www.oip.usdoj.gov/vawo.

　　http://www.ncadv.org.

　　http://www.menstoppingviolence.org.

是什麼讓婚姻美滿What Makes a Good Marriage?.

　　http://www.annonline.com/interviews/970122/biography.html.

每天連接在線Everyday Connections Online.

　　http://communication.wadsworth.com/woodinterpersonal5plus.

　　http://communication.wadsworth.com/woodinterpersonal5